現今習近平的所思所想

公開靈言

大川隆法
Ryuho Okawa

台灣幸福科學出版有限公司

前言

人人都想與鄰居和睦相處。但有時因為「危險鄰居」的存在，就連住在自己家中都寢食難安。

本書探討了美國民主黨的拜登贏得總統大選後，中國的習近平他在想法本質上出現了哪些變化。

對於閱讀過我至今出版之書籍的讀者來說，應該不難理解書中內容。

而第一次看到本書的人，或許有些人會覺得驚訝，也或許有些人會感到頭昏腦脹。

掌權者的支配欲往往會越來越膨脹。但是，思索地球文明今後的發展，一個國家對國內的統治與對國外的干涉，應該要有一個限度。

二〇二一年 三月二日

幸福科學集團創立者兼總裁 大川隆法

目錄
Contents

3 將拜登推上總統寶座，操縱美國大選的中國「兵法」 28

6 關於給予習近平影響的宇宙存在

7 存在於地球歷史背後的「宇宙光明與黑暗之戰」

11 收錄「習近平的所思所想」之後的結語 219

靈言現象

所謂「靈言現象」，是指另一個世界的靈魂存在，降下言語的現象。這是發生在高度開悟者身上的特有現象，並有別於「靈媒現象」（即人陷入恍惚狀態、失去了意識，由靈魂單方面說話的現象）。當降下外國人靈魂或外星人的靈言時，發起靈言現象之人亦可從語言中樞選擇需要的語言，因而可用日語來講述。

此外，人的靈魂原則上是以六人團體所組成，留在天上界的「靈魂兄弟姊妹」當中的一位，擔任守護靈的任務。也就是說守護靈其實是自身靈魂的一部分。因此，所謂「守護靈的靈言」，即是進入當事人的潛在意識，其話語可視為此人在潛在意識中所思索的內容（也就是真心話）。

然而，「靈言」終究只是靈人本身的意見，其內容有時會與幸福科學集團的見解相矛盾，特此注記。

現今習近平的所思所想

二〇二一年二月五日
收錄於幸福科學特別說法堂

習近平（一九五三年～）

中華人民共和國的政治家。所謂的太子黨（中國共產黨高級幹部子弟集團）成員之一。

曾任福建省省長、上海市黨委書記、黨中央常務委員等職，二〇〇八年就任中國國家副主席。二〇一二年成為胡錦濤的繼任者，坐上了中國共產黨總書記、中央軍事委員會的寶座。二〇一三年，在全國人民大會上，就任國家主席、國家中央軍事委員會主席。

〔四位提問者，分別以A・B・C・D標記〕

1 為何以「現今習近平的所思所想」為題

大川隆法　今天，我打算召喚中國國家主席習近平的守護靈。

在幸福科學，過去已出版過七本關於習近平守護靈的書籍，我覺得他可以算得上是很有「人氣」的人物。應該用「人氣」這兩個字來形容嗎？我想很多人想要知道他現今的想法是什麼。

即便美國總統大選的結果已經出爐，但我並未感覺到習近平現在變得「非常強大」。雖不知他認為自己是「最後的世界皇帝」，或者是「永遠的世界皇帝」，但我認為他就是用那樣的感覺定位自己。

今日的主題是對方（習近平守護靈）指定的，他表示可以用「現今習近平的所思所想」來作為講題。

原本我打算在昨天就降下靈言，但由於我心裡擬的主題為「習近平的狂妄大笑」，因而讓他覺得「無禮」與「不淨」，所以難以進行，一整天我感覺到不斷出現各種奇怪的東西。

因此，今天我就稍微謙虛一

《大中華帝國崩壞的序曲》（台灣幸福科學出版發行）。

《霸主的心聲》（幸福科學出版發行）。

些，老實地聆聽「大人物」的意見。我希望各位能夠準確無誤地去傾聽那些意見。本來，或許那些內容只有中國人才能聆聽，但我認為也讓鄰國的日本人聆聽，可作為今後在思考日中關係時，極為重要的指針。

最主要的，不是為了幸福科學的目的去利用習近平的守護靈，而是將可說是「世界皇帝」的習近平現在的所思所想，文雅地傳達給日本、香港、台灣，或者是中國本土及歐美，如果可以的話，我想扮演好這樣的角色。希望今天他能讓我們聽聽無所忌憚的意見。

（拍手一次）那麼，中國國家主席習近平的守護靈啊！中國國家主席習近平的守護靈啊！請降臨到幸福科學，並且告訴我們現今習近平的內心是抱持著何種想法。

（大約沉默二十五秒鐘）

2 中國是如何克服新冠病毒的？

發出「中國十四億人將成為領袖，進入開創世界未來的時代」之豪語

習近平守護靈 嗯……嘖。你們真是個「囉唆的團體」啊！

提問者A 早安。您是習近平國家主席嗎？

習近平守護靈 嗡嗡嗡嗡的，像蒼蠅一樣吵死了。

提問者A　非常抱歉。

習近平守護靈　嗯。

提問者A　二〇二一年是中國共產黨成立一百週年，在今年春節之前，能聆聽習近平國家主席的話語，我感到非常光榮。

習近平守護靈　嗯。

提問者A　首先，時值年初之際，整個地球迎向一個變化激烈的時代，你是否有什麼要對人類……。

習近平守護靈 人類？

提問者A 是的。我想請教你，有關今年的方針。

習近平守護靈 關於世界上的人類嘛，會進入一個由中國十四億人統領大家一起開創世界未來的時代。

這就是中國共產黨一百週年的意義所在。

與新冠重災區美國的不同在於「科學思考的差距」？

提問者A 去年，新冠病毒肆虐全世界，而習近平國家主席在新年致辭中提到，「我們克服疫情影響，對於預防、抑制感染，以及在經濟社會發展上取得了重大成果」。

首先第一個問題，各國都很好奇，中國究竟是如何克服疫情的呢？希望你能分享一些關於這方面的智慧。

習近平守護靈

中國是當今「世界上最高度進化的國家」。雖然我不太清楚「落後國家」的狀況，但據說在落後國家裡，有兩千六百萬人被感染（收錄靈言當時），而我們基於「科學思考」之下，現在不但國家正常運轉，還將損失控制在極小程度。

這就是「科學思考」的差距。像是美國的前總統等，那些主張「不戴口罩也沒事」的人們一個接一個的病死了，他自己不也是身先士卒地差點死掉嗎？反觀我們，一發現武漢有病毒，就馬上把一千一百萬人口的武漢封鎖起來，一鼓作氣地殲滅了病毒。

即使後面多少有一些外國的零星輸入病例，但是基本上，我們不僅克服了疫情，還往前更進一步的發展。

提問者A　我認為，克服新冠疫情的前提就是要搞清楚原因，畢竟不清楚原因就無從談克服。那麼新冠病毒的起因，究竟是什麼呢？

習近平守護靈　病毒這種東西，不管什麼時代都存在啊！無論哪個時代，都會有感染症流行，如何結合「衛生觀念」和「科學思考」才是關鍵。

再來就是機動力。國家必須要具備「機動力」與「果斷的執行力」。

總之，就是這麼回事。

日本若想克服新冠疫情，「只要將夜生活一網打盡即可」？

提問者A　那麼其他國家，例如日本，該怎麼做才能克服新冠疫情呢？

習近平守護靈　日本可不是沒什麼大流行嗎？

日本的感染人數是中國的四倍左右，按人口比例來看，染疫人數大約是中國的四十幾倍吧（收錄當時）。那都是因為日本國民的夜生活玩過頭了，若是到了晚上人們還在外面玩，把他們一網打盡就好了，哪還用得著在愚蠢的國會進行什麼法律審議。把晚上八點以後還在外面晃的人，全部都抓起來就得了。

提問者A 抓起來就好了？

習近平守護靈 嗯，事情就解決了。

提問者A 這還真是簡單的想法啊！

習近平守護靈　很是簡單。如果監獄裝不下了，那就直接讓他們「沉入東京灣」就好。

提問者A　那麼，中國實際上也像是這麼做嗎？

習近平守護靈　當然啊！要是土裡埋不下，那就只好再找別處埋了。

提問者A　中國在最初疫情爆發的階段，也出現了感染人數激增的狀況，從那時就採取了一網打盡的方式嗎？

習近平守護靈　所以說啊，我「大聲喝斥」病毒就害怕了，那也沒辦法。

散播謠言指責「美國人在研究所附近散佈了惡質病毒」

提問者A 原來如此。據說中國也進行了嚴格的資訊管制，關於那方面是真的嗎？

習近平守護靈 說到「資訊管制」，倒是中國時常會被一些錯誤的資訊，擾亂視聽。比方說，外國間諜故意放出一些惡質資訊，引起國家騷亂，進而讓叛亂份子乘機興風作浪，所以要把這些狀況排除掉才行。在擊退新冠病毒上，因為國民一起共同作戰，所以過了一、兩個月疫情就幾乎結束了。

提問者A　那麼最初武漢感染者爆炸性成長，究竟是為什麼呢？

習近平守護靈　嗯？恐怕是那個時候美國人還能來旅遊，正好那裡有間病毒研究所，他們就在那附近散佈了惡性病毒吧！

提問者A　是美國人散佈的嗎？

習近平守護靈　對。「中國是始作俑者」的說法，分明就是意圖構陷。畢竟我們中國人「人善被人欺」啊！

3 將拜登推上總統寶座，操縱美國大選的中國「兵法」

習近平視拜登的當選為「眾愚政治下極為正確的判斷」

提問者A 在此換個話題，去年年底美國舉行了總統大選，關於這方面的變化你是如何預想的呢？此外，對於大選的結果又是作何感想呢？

習近平守護靈 這個嘛，我們盡了最大的努力才有現在的局面。我認為，美國人做出了正確的判斷，雖不能稱為「民主主義」，但可說是「眾愚政治下的正確判斷」，選擇了拜登，讓川普落選了。我認為就眾愚政治來說，這是一個極為正確的判斷。

提問者A 原來如此。但你並沒有立刻致電拜登表示祝賀吧？

習近平守護靈 是這樣嗎？

提問者A 關於中國未致電祝賀這件事，外界多少有一些猜測或報導，對此你的想法是？

習近平守護靈 那是因為美國的情況尚未明朗。

提問者A 也就是說，你也考慮過川普連任的可能性？

習近平守護靈 沒有那種事。才不會有那種事（笑）。

關於總統選舉，「我沒想到一切能按照設想如此順利」

提問者B 你能如此篤定地確信「絕不可能是川普當選」的理由是什麼？

習近平守護靈 我沒有覺得「絕對不可能」啊！我當然也考慮過，要是川普當選了該怎麼辦，但沒想到一切會按照我們所想的如此順利。

提問者B　也就是說全按照你所想進行了部署嗎？

習近平守護靈　嗯，是啊！

提問者B　關於這方面，你可以再描述得具體一點嗎？

習近平守護靈　哎呀，你們日本人對中國的古典作品或許還有些瞭解，可是美國完全沒有什麼歷史，那些有教養、讀過中國古典作品的人，一個都沒有。

所以說，他們就只是笨蛋。論美國的長處，就只不過是「比印第安原住民強一點」而已。中國畢竟是「戰略、戰術的寶庫」啊！從中國都是戰略家這一點來看，美國對於中國沒有任何勝算。

提問者B 在《孫子兵法》等書中，倒是記載了如同你所說的各式各樣的兵法。

習近平守護靈 嗯、嗯、嗯。

提問者B 在《孫子兵法》當中，網羅了各種兵法，比方說，像是「資金援助」、「派遣間諜」等等。那麼在你方才所說的內容當中，大概是活用了哪些策略呢？

習近平守護靈　《孫子兵法》是眾所皆知的兵法，日本也有翻譯本吧？但其實，中國還有許多沒有被翻譯的兵法。

提問者B　還請您務必開示那些還沒被翻譯的兵法。

習近平守護靈　什麼？像我其實早在十年前就已經成為世界皇帝了，即便如此，「要讓外界感覺到中國受到了美國牽制」，這也是一種兵法。

中國全國總動員支援拜登陣營擊沉川普陣營

提問者C 你能夠操縱美國的總統大選嗎？

習近平守護靈 出乎意料地簡單。

提問者B 很簡單嗎？

習近平守護靈 我也沒想到問題竟會如此單純。二選一實在是很簡單啊！

提問者B 也就是說，你支援了某一方出現了效果囉？

習近平守護靈　那太簡單了啊！對「支持拜登的勢力」給予支援，然後打壓「批判拜登的勢力」。主張「支持川普的勢力都是瘋子」，並說著「批判川普的勢力才是正確的言論」。就是按照這個方針進行全國總動員而已。

提問者B　剛才你提到了四點，首先，能具體說明你是如何去推動「支持拜登的勢力」嗎？

習近平守護靈　總之，「什麼都不做的美國總統」才是最理想的。所以就要當他是「代表全世界的大善人」一般地去稱頌他。

提問者B　這麼說的話，你對拜登的評價就是什麼也不做的美國總統嗎？

習近平守護靈　這個嘛，「他還有在呼吸」啊！

提問者B　只是呼吸尚存嗎？

習近平守護靈　有呼吸、會喘氣，那就夠了。

提問者B　這樣就夠了嗎？

習近平守護靈　對，多少會排出一些二氧化碳，那也是沒辦法的事。畢竟川普淨想著多餘的事，那可不行。

對川普的同盟者逐一構陷，將手伸向了好萊塢

提問者B　所謂多餘的事，具體而言，究竟指的是哪些事呢？

習近平守護靈　川普就像過去美國和英國打遊擊戰，或是和印第安人打仗一樣，淨是要一些小聰明，他打算使出兩、三百年之前的「美國兵法」。但是對於中國沒什麼勝算就是了。

提問者B　若是換成習主席你的話，不會採用兩、三百年前的遊擊戰術，

而是會系統性地進行壓制嗎？

習近平守護靈 美國「正欲建立中國包圍網」，這太明顯了。然而，人們卻全然不知，其實「川普包圍網早就已經建成」。所以說，這就是愚蠢。

提問者B 你可以透露這個包圍網的部分內容嗎？比方說，是在哪些方面……。

習近平守護靈 我就只是一個個地擊落川普的同盟們而已，如此一來，就沒人做他的同盟囉。站在他那一邊的人都是「狂信、妄信之徒」，要讓那些人看起來像是那樣，沒錯。

提問者B　一些看起來像是潛在的同盟者，最終變成中國敵人的人，在保守派有很多，你也將手伸向了這些人嗎？

習近平守護靈　嗯。

好萊塢可是傷透腦筋，到底要如何才能和中國一起合拍電影。中國的電影觀眾大約有九億人，如果能掌握這九億人口，那麼幾百億的投資就能輕鬆地回收啊！

他們很希望能與中國合作拍攝，還拚命拉攏中國藝人。而好萊塢的影星們也拚命支持民主黨，努力想和中國打好關係。他們還真是「和平使者」啊！

所以說，川普的同夥已經沒什麼人了。

得意地炫耀「針對川普最大的弱點攻擊，美國人一下就上鉤了」

提問者B 關於「Black Lives Matter」的運動，你是怎麼看的呢？又或者說，你與其有著什麼關係呢？

習近平守護靈 啊？你說英語，害我一下子反應不過來。

提問者B 就是指「黑人的命也是命」的運動。

習近平守護靈　當然啊！黑人很重要，在美國，黃種人也很重要、移民也很重要、女性也很重要、孩子也很重要。一下就上鉤了啊！

提問者B　讓我覺得很厲害的是，你一邊說著「黑人」的事，然後在不知不覺當中話題就轉到「黃色人種」去了。

習近平守護靈　那是一個日本人也樂見的主題吧！畢竟日本人也受到影響了啊！在美國，日本人受到歧視，二戰時日本僑民被扔進戰俘集中營，留下了許多痛苦的回憶。明明是美國籍，卻因為是日本人的後代，就被丟進集中營去了。只要讓日本人再次想起那個惡夢就可以了。

提問者B　原來如此。如此一來，話題就可以擴大到其他膚色的「人種」，這個操作真是……。

習近平守護靈　從兵法來看的話，畢竟川普最大的弱點，就是無法獲得有色人種的支持啊！人們認為他是一個「種族歧視者」，在這方面發起公眾運動是很重要的。

提問者B　那麼，你朝那方面進攻了？

習近平守護靈　嗯。就如同我們的計畫，美國的媒體都將報導著這個議題。

在歐巴馬時代，中國已展開對美戰爭

提問者A　從剛才的話聽來，你是站在中美之間的戰爭已經開打的立場來看的嗎？

習近平守護靈　從十年前就開始了啊！

提問者A　是嗎？美國國民尚還沒有意識到「戰爭」，然而戰爭已經開始了。

習近平守護靈　其實，打從歐巴馬時代就已經開始了，只是歐巴馬並不這麼認為而已。

提問者B 你的意思是從十年前開始，對中國來說，事實上就已經處於「開戰狀態」了？

習近平守護靈 為了讓歐巴馬獲得諾貝爾和平獎，我們可是做了不少努力呢。

提問者B 歐巴馬的得獎與中國也有關？

習近平守護靈 嗯。

提問者B　手也伸向了諾貝爾獎委員會那裡？

習近平守護靈　他在上任不久馬上就獲得了諾貝爾和平獎，對吧？

提問者B　是的。

習近平守護靈　歐巴馬提出「無核世界」，是件好事啊！若是美國率先開始宣布棄核，美國和俄羅斯都削減核武的話，對中國來說，沒有比這更開心的事了。

提問者B　也就是說中國事先進行了疏通，就等歐巴馬往裡頭跳。

習近平守護靈　嗯。中國努力讓歐巴馬獲得諾貝爾獎，讓川普拿不到獎。可不能小看中國的力量啊！

打算在哪一年完全戰勝美國，取得世界霸權？

提問者A　我想，就中國來說已經決定好最終勝利的期限了吧？

習近平守護靈　期限？什麼期限？

提問者A　就是要在什麼時候……，比方說，像是要在二〇五〇年前取得世界霸權，完全打敗美國等等。

習近平守護靈　不，這個是在我執政期間必須拿下的，不是嗎？

提問者A　執政期間？

習近平守護靈　嗯。原本我的任期是兩任十年，但被我廢除掉了，因為我覺得兩任十年時間有點不夠，所以現在我可以無限期地擔任國家主席。

4 關於讓俄羅斯、歐美衰退的戰略

「怎樣都能拿下台灣」，「加速反普丁勢力的運動」

提問者B 既然如此，那麼我想請教你幾件從今年開始的事情。

習近平守護靈 嗯、嗯、嗯、嗯。

提問者B 在兩任十年的基礎上再多加幾年，好比說，在二〇二五年或二〇二八年的時候，世界上最關心的就是「台灣」的議題。對此，你是怎麼想的呢？

習近平守護靈　那點「彈丸之地」，我想怎樣都可以。就好比像是打蒼蠅一樣。

我現在正在思索如何讓美國衰退，還有俄羅斯實在很難應付，所以我們正在加速「反普丁勢力的運動」。普丁實在很礙事啊，畢竟他在位的時間太久，我也正在考慮除掉他。

提問者A　反普丁的運動，中國也參與其中嗎？

習近平守護靈 這個嘛，雖然有時會提供一些協助，像是反美運動我們就會加以協助，等到美國衰退之後，中國也必須要留意俄羅斯才行啊！畢竟，他們也擁有很多核武啊！放任那麼一個長期的獨裁者不管，實在很危險。不能總是感到背後有著危險啊！

放話「美國已經結束了，下個目標是讓『普丁失勢』」

提問者B 對於現今俄羅斯的反普丁運動，你在背後……。

習近平守護靈 當然。

提問者B　啊，當然啊！

習近平守護靈　那可不是。

提問者B　若是如此，普丁可是KGB（蘇聯國家安全委員會）出身……。

習近平守護靈　知道啊，嗯。

提問者B　我想普丁應該會有所察覺，但你的想法是？

習近平守護靈 你在說什麼？中國可「全都是ＫＧＢ」啊！那有什麼好害怕的（笑），「全都是ＫＧＢ」啊！中國不僅有警察，就連國民也都是ＫＧＢ啊！

提問者Ｂ 也就是說，你早就預想普丁能料到中國會對俄國出這一招嗎？

習近平守護靈 他能料到嗎？恐怕不行吧！他什麼也做不了，嗯。川普被中國搞到垮台了，中國也能讓普丁垮台。

提問者Ｂ 你覺得中國也能讓普丁垮台？

習近平守護靈　嗯，讓「普丁失勢」就是下一個目標。

提問者A　關於「對美國的戰略」，中國和俄羅斯組成同盟應該比較有利吧！

習近平守護靈　中國和……？不、不，那僅限於美國比較強大的時候。

提問者A　那麼，你的意思是「美國已經變弱了」……。

習近平守護靈　川普已經跌下來了，所以下一個就是……。

提問者A　你是指「中國已經贏了」。

習近平守護靈　接下來必須搞垮俄羅斯。為了成為世界皇帝，這是必須的。

提問者A　原來如此，也就是說「美國已經結束了」。

習近平守護靈　已經結束了。

提問者A　是這樣嗎？

習近平守護靈　結束了啊！嗯，已經結束了。

提問者A 結束了？

習近平守護靈 嗯，已經結束了。

是否會操作讓拜登獲得諾貝爾和平獎的運動？

提問者A 那麼，中國仍舊受到美國的經濟制裁……。

習近平守護靈 美國已經淪為墨西哥之流的國家了吧！

提問者A 但美國的軍事實力，依然強過中國啊！

習近平守護靈　那個啊，他會為我做好（削減軍力）的。然後，我會再發起幫他爭取諾貝爾和平獎的運動。

提問者A　讓拜登得獎嗎？

習近平守護靈　嗯。我會讓他拿到諾貝爾和平獎，再出一個諾貝爾獎總統。

提問者A　這樣啊……。

習近平守護靈　他只要把核武清理乾淨即可。這樣的話，就給他諾貝爾獎。

習近平所圖謀的是「在經濟上讓美國朝貢中國」

提問者A　只不過，在經濟方面會變得如何呢？

習近平守護靈　什麼？

提問者A　雖然你在二〇二一年的新年致辭中曾提到中國「還抵禦了嚴重洪澇災害」，但實際上洪水對經濟的打擊……。

習近平守護靈　所以說，如果美國變成「先進國家」中國指導下的國家，那麼就還有可能苟延殘喘。

提問者A　這樣啊！那麼，貿易上與美國的關係……。

習近平守護靈　要向中國朝貢啊！

提問者A　要讓美國向中國朝貢？

習近平守護靈　嗯、嗯嗯、嗯。

提問者A　那麼，在經濟上也……？

習近平守護靈　只要謙卑地「到北京來朝聖」，然後向我請教「美國應該怎麼做比較好呢」就可以了。

任意地「調升百分之二十的關稅」、「調升百分之兩百的關稅」，用這種手段來威脅中國，以後可就行不通了。

提問者A　行不通？

習近平守護靈　嗯。

放話「先控制住歐洲，最後打算消滅『大英帝國』」

提問者A　那麼，就中國的世界戰略來說，已經制定好與各國相處的方式了嗎？

習近平守護靈 嗯、嗯。這個嘛，我打算控制住歐洲……。

提問者A 控制住。

習近平守護靈 最後，還打算消滅「大英帝國」。

提問者A 只是，歐洲也認為「中國要為新冠病毒疫情負起責任」，而反中國……。

習近平守護靈　反正歐洲在說那些話的時候，就漸漸消失了，無所謂啦！

提問者A　你會如何讓他們消失呢？

習近平守護靈　就消失了啊！滅絕也是沒辦法的事啊！

提問者B　你指的是「因為新冠病毒而滅絕」嗎？

習近平守護靈　目前染疫人數有一億人吧？中國發表的人數就在十萬人左右，得讓世界知道中國也受害，所以公佈了那般人數。

中國就止於十萬人，但全世界是一億人對吧？
你認為要變成十億人，得花多久時間呢？

5　自爆關於人造病毒的中國國家機密

「中國有來自未來的人們做援軍」？

提問者B　這樣的話，你的意思是「新冠病毒疫情會擴散、傳染開來」、「出現新的變種病毒」，這些都是某種預料之中的事，又或是說，你事先就知道？

有一說是，「這種病毒變異是人為的結果」，你也是這麼看的嗎？

習近平守護靈 我知道啊！

提問者B 啊，你是知道的？

習近平守護靈 那個我知道啊！我知道未來會變得怎樣。我們可是知道未來會發生什麼事。

提問者B 為什麼你會知道未來的事呢？

習近平守護靈 因為我們有「援軍」在啊！

提問者B　這個「知道未來的援軍」，具體是指怎樣的援軍呢？

習近平守護靈　我們的援軍當中有著「設計出宇宙的存在」啊！

提問者B　可否請你具體地告訴我們，「設計宇宙的存在」指的是？

習近平守護靈　嗯……，這是機密事項啊！這是國家機密，怎麼能講！

提問者B　請您務必……。

習近平守護靈　我們在科技等方面，接受了對方的傳授。嗯。

提問者B 這裡指的是「具體而言，中國接受了對方所傳授的，能夠看見未來的科技」嗎？

習近平守護靈 我們有著「來自未來的人們」。

提問者B 啊，「來自未來的人們」。

習近平守護靈 對，在中國。

提問者B 這樣啊！

中國接受了高科技的傳授，創造出病毒

提問者A　這可是新的話題。

習近平守護靈　啊，是這樣嗎？

提問者B　是，我感到非常新鮮的是，過去（指著大川總裁桌上堆疊的書）在習近平的「守護靈靈言」當中，關於你方才提到

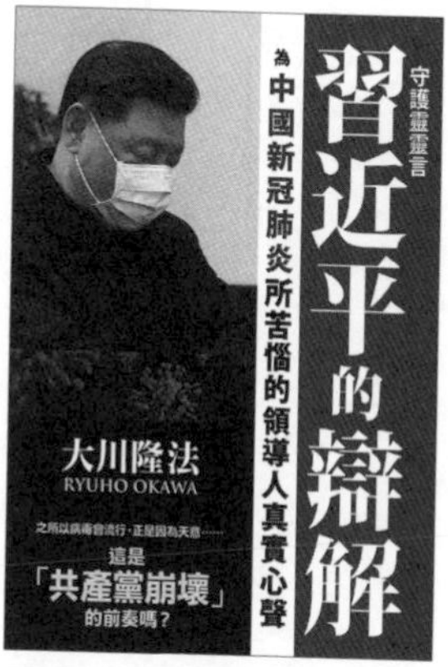

《習近平的辯解》（台灣幸福科學出版發行）

關於「來自未來的外星人」、「傳授科技」的部分，那時你的回答皆是「我也不知道，說不定是我的部下搞的」。但此刻，你似乎是明確地知道那件事的……。

習近平守護靈

川普想要公開宇宙科技，所以還是有必要讓他消失。我們這邊用的是「另一種科技」，但也因此取得了相當的……。這是一種「新的兵法」。我們用了一種大家都不懂的兵法。

這次的病毒，研發時的目標就是要「針對不同人種達到不同的效果」，這需要相當高度的科技。

提問者B　確實如此。也就是說「你接受了那種高科技的傳授」。

習近平守護靈　嗯。

提問者A　這也意味著，「你認識那位傳授者」。

習近平守護靈　這個嘛……，對方給了我們一些協助。

提問者A　為中國提供了協助。

習近平守護靈　嗯。

針對印度和英美等國，按照國別研製病毒，只在日本少量投放？

提問者A　這個病毒，最初是從武漢流出的嗎？

習近平守護靈　哎呀，現在再說武漢什麼的，就有一點那個……。每種病毒是針對不同人種而研發的。所以說，沒有那種「對美國人有效，也同時對印度人有效」的病毒啊！印度人和美國人，這兩者是有很大的不同的。

提問者B　也就是說，你是知道有外星人提供對印度、歐洲人的基因能發生效用的病毒囉？

習近平守護靈　病毒的種類有很多，那是依照國別去研發的。

提問者B　依照國別研發？

習近平守護靈　也不能說是「全部」的國家。某種程度上，可以擴展到鄰近周邊的病毒，就作為一個種類。

提問者B　這麼說來，你剛才提到了「英國」，是因為英國妨礙處理「香港問題」嗎？

習近平守護靈　研發對英美有效的病毒，是有絕對必要的。

提問者B 嗯嗯，這麼一來對美國也是如此。那麼，針對英國，研發了特定的病嗎？

習近平守護靈 是啊，按照國土面積和人口比例來說，英國疫情確實太嚴重了，不管怎麼看都是。

提問者B 是啊！這次，特別是去年（二〇二〇年）秋天以後流行的病毒變異株，如此看來，也就是說針對了英國……。

習近平守護靈 對於日本呢，可就少投放了點。畢竟，將來日本可以作為「看門狗」。

提問者A　這是你的指示嗎？

習近平守護靈　嗯？姑且我們是那樣設想的，日本還有著能做「看門狗」的可能性。

只要肯對我行臣下之禮，日本就還有「用處」。對於歐美、亞洲、伊斯蘭教圈，非洲等，日本還有「可以派上用場的地方」，嗯。

6 關於給予習近平影響的宇宙存在

應成為「宇宙之神」，以稱霸地球為目標的存在「習近平X」

提問者B

這本來是我想在最後的結尾提的問題，但是聽了你的話我發現，你好像跟某種「宇宙的存在」合體在一起，這宇宙的存在影響著地上習近平主席的想法與行動。我感覺到，你與之前降下靈言時的感覺不太一樣，好像「Phase」大有不同，不知道你覺得呢……？

習近平守護靈 是說……，你說話可以不要夾帶英語嗎？

提問者B 我想說的是「段位」不同，好像比以前的人格更有「高度」。

習近平守護靈 嗯。這個嘛，就只是稍微露出一點鋒芒了而已。

提問者A 也就是說，「本來就有著鋒芒，但是卻被藏起來了」。

習近平守護靈 本來嘛，像我這樣的人物……。對吧？我是「地球上最耀眼的存在」，就是這樣吧！全宇宙都要來向我朝貢的。

提問者B　這麼說來，現在與我們對話的究竟是何方神聖呢？如果有名字的話，我們應該怎麼稱呼你呢？

習近平守護靈　什麼？

提問者B　或者是，你在宇宙裡的名字是……？

習近平守護靈　嗯……。你們可以叫我「習近平X」。嗯、嗯。

提問者A　這個「X」，是代表還藏著什麼祕密嗎？

習近平守護靈　嗯？雖然我現在是「世界皇帝」，但今後似乎會成為「宇宙之神」。

提問者A　這個「似乎會」的說法，是有誰跟你……。

習近平守護靈　嗯。地球……，畢竟要先稱霸地球。

跨越兩百萬光年，鬥僕會從有三個太陽的宇宙前來？

提問者A　你現在和誰保持著聯絡嗎？

習近平守護靈　嗯？要說是聯絡嘛，會有很多我的門僕前來。

提問者A　門僕？

習近平守護靈　嗯。

提問者A　比方說？

習近平守護靈　就是有人會跨越兩百萬光年的距離前來。

提問者B　啊，是這樣啊！

習近平守護靈　嗯。

提問者A　那些門僕是為了……。

習近平守護靈　幫忙……。是為了前來幫忙我們。

提問者B　你是說兩百萬光年，不是十六萬光年……，咦？兩百萬光年就是仙女座星系一帶吧！

習近平守護靈　不不，並不僅限於仙女座星系。嗯，他說自己是從「有三個太陽的宇宙來的」。

提問者B 啊，是這樣嗎？

習近平守護靈 嗯。

提問者A 有三個太陽的宇宙。那裡叫什麼名字呢？

習近平守護靈 不行，這可不行告訴你們……。

提問者A 你也不知道？那是至今未曾於靈言出現的地方嗎。

習近平守護靈 習近平X當然是知道那宇宙的。

提問者A 也就是說習近平X知道。

習近平守護靈 嗯、嗯。

習近平X在「成吉思汗的時代也曾來過」

提問者A 「習近平」和「習近平X」有什麼不一樣嗎？還是同一個？

習近平守護靈 已經合體了。

提問者A・B 已經合體了？

習近平守護靈 嗯、嗯。

提問者A 現在，習近平的意識，究竟變得如何？

習近平守護靈 他的表面意識還存在。

提問者A 他的表面意識。

習近平守護靈 嗯。

提問者A 那麼，潛在意識已經變成了習近平X？

習近平守護靈　守護靈雖然還在，但想法有點老派。得要替換為比較新潮一點的才行。

提問者A　替換？

習近平守護靈　把「軟體」換掉，嗯。

提問者A　那麼「習近平守護靈」與「習近平X」在靈魂方面有著連結嗎？

習近平守護靈　嗯，當然。

提問者A　有嗎？

習近平守護靈　當然了，那還用說嘛。之前在打造「世界帝國」的時候，習近平X也來過啊！

提問者A　成吉思汗的時代也來過地球？

習近平守護靈　嗯。世界……，當時以蒙古為發端，將首都設在中國，然後席捲歐洲，消滅南宋，攻打日本。光憑區區的蒙古人怎麼可能做得到啊！

提問者A 原來如此。

「受到天御祖神系統的外星人攻擊，為尋求居所而來到地球」

提問者B 那麼，當時習近平X指導了成吉思汗，這次也同樣前來，那……。

習近平守護靈 我時不時就會來喔。

提問者B 明白。這麼說的話，我想請教一下，應該叫做「母星」吧，能否透露你來地球之前是在哪裡呢……？

習近平守護靈 嗯？

提問者B 可否具體告訴我們，你曾經在哪裡……。

習近平守護靈 我不是說了？有三個太陽的某個星球。

提問者B 所謂「有三個太陽的某個星球」，具體來說，比方說用星座或星雲來說的話，可否透露是哪一個呢？

習近平守護靈 嗯……，這個嘛，剛剛有提到「仙女座」，在仙女座有著與我們不同的另一勢力，現今我們在地球也與其作戰。「代理戰爭」正在地球上發生。

提問者A 你知道「天御祖神」嗎？

習近平守護靈 嗯。有冒充他的傢伙存在也說不定啊！

提問者B 按照你剛才所說的，你曾經和幸福科學靈查所知的天御祖神系統的外星人，也就是三萬年前從仙女座星系來到地球的「日本神道的源流之神」戰鬥過囉？

習近平守護靈 哎呀，所以說是我們的母星受到了那些傢伙的攻擊，我們為了尋求居所才移動來此。

提問者B 這麼一說，「原本習近平X也是從仙女座星雲來的，從那裡移動到其他地方去了」，是嗎？

習近平守護靈 嗯，在追擊戰中來到了這個地球，然後對方也來了。

提問者B 啊，在追擊戰中來到了地球。

習近平守護靈 對方也來到了地球，所以現在雙方在這裡進行著「代理戰爭」，嗯。

「從習近平切換到習近平X的時機」究竟是何時

提問者C 如果說從習近平到習近平X，當中存在一個「切換時機」的話，那究竟是何時呢？

習近平守護靈 應該是在成為世界皇帝的階段到來之時。

提問者C 就這個地球上來說，在美國總統大選的時候，是不是就開始上演那樣的劇本？

習近平守護靈 川普的手段非常強硬。要搞倒他，非得使出我的真本事不可。

所以川普才垮臺了啊！

在「宇宙的代理戰爭」中，曾與希臘、埃及和日本交戰過

提問者B　不好意思，我想把話題拉回來一下。先前你提到，「你從仙女座星系轉移到了地球，但是雙方進行著追擊戰，而這場追擊戰，其實也在地球上持續著」。

習近平守護靈　正是如此。

提問者B　在這場追擊戰中，與對方是以什麼樣的感覺在對戰呢？

習近平守護靈 我在過去做過的事，就是建立了元朝，統治了歐亞大陸，唯獨就是在攻打鎌倉時代的日本上失敗。我的失敗就只有這一個，我認為當時日本背後有敵方的力量。

在那之前，嗯……我還舉全國之力試圖消滅希臘。再往前的話，為了消滅埃及，我還曾攻入埃及。這些在歷史上都有記載。

提問者B 那麼，你所提到的那幾個時代，都是和「對方」在打仗嗎？

習近平守護靈 嗯，所以說，這是與對方之間的代理戰爭。

提問者B 以代理戰爭來互相戰鬥嗎？

習近平守護靈 雙方進行了「宇宙的代理戰爭」。埃及的時間很長啊，過去埃及也是一個非常強大，歷史悠久的帝國。

提問者A 在美索不達米亞平原附近進行過戰爭嗎？

習近平守護靈 嗯，所以說，最大的時候我是在的。

提問者A 「最大的時候我是在的」是什麼意思？

習近平守護靈 嗯，與其說我在，不如說我進行了指導。

提問者A 你曾經指導過。

習近平守護靈 嗯，希臘……，所以說，為了消滅希臘的民主主義而打過仗。

提問者B 嗯。你指導了波斯對吧？

黑暗之神阿里曼，曾是習近平守護靈麾下一員

提問者A 瑣羅亞斯德教的光明之神「阿胡拉・馬茲達」你認識嗎？

習近平守護靈 你們想知道那個時代的事啊！那是和埃及打仗之前。

提問者A 是。

習近平守護靈 嗯。

提問者A 那時，你是以何種形式參與其中的呢？

習近平守護靈 嗯……，我應該打倒他了。

提問者A 打倒了？

習近平守護靈 嗯。我打倒了瑣羅亞斯德。

提問者A 當時，被稱為黑暗之神的「阿里曼」是一股敵對勢力……。

習近平守護靈 哼。啊啊！阿里曼啊，嗯。

提問者A 你認識阿里曼嗎？

習近平守護靈 嗯。他是我其中一個手下。

提問者A 手下？

習近平守護靈 嗯。

提問者A 他在你的麾下啊！

習近平守護靈 嗯，我的手下。他在我眼裡就是那樣的地位。

提問者B 前不久，阿里曼在靈言當中，讓我們感覺到「他才是老大」（笑）（參照二〇二一年二月一日收錄之「阿里曼的靈言」）。

習近平守護靈　哈哈哈（笑）。誰的老大？他說他是誰的老大來著？

提問者B　他說，「習近平X或者習近平都是他的手下」。

習近平守護靈　不，不（笑），那不可能。

這個傢伙現在就像地球上的「腐敗細菌」到處流竄，那是不可能的。

即便他是作為宇宙起源的存在，但實際上他就像是被流放到地球了。

「在仙女座與齊塔星戰敗，如今在地球戰鬥」

提問者B　這麼說來，阿里曼系統的源流，據說是「起源於麥哲倫星雲那邊的星球的地獄領域附近」。

所以你與他是出自不同的源流嗎……？

習近平守護靈　哎呀，所以說我們在仙女座吃了敗仗，之後又輾轉到麥哲倫星雲的齊塔星附近作戰，雖然在那裡建立了殖民城市，但也產生了一些對立。

之後，我們來到了地球，後來對方又追到了地球，直到現在也還在對戰。

在這兩個文明，也就是說我們在「仙女座」與「麥哲倫星雲的齊塔星」，被敵對勢力給摧毀了，所以現在我們又在地球上爭戰著。

提問者B 這麼說來，現在地球上正在進行著某種最終戰爭……。

習近平守護靈 在地球之戰並非全部，在其他的地方，也有戰爭在進行。分成好幾個戰場進行著。

提問者A 並非全部？

習近平守護靈 嗯。地球並非全部，只是其中之一，僅一部分而已。

提問者A 你說「一個」。那麼「其他」的部分，具體是指？

習近平守護靈 哎呀，這部分你們也不知道，我說了也沒用。

7　存在於地球歷史背後的「宇宙光明與黑暗之戰」

「弱者滅亡」、「屈膝投降就可活命」的想法

提問者A　這個對立軸的另一端，或者說反對勢力，究竟是怎樣的勢力呢？

習近平守護靈　嘖，這個嘛……對方的想法與我們不同。所以說……，「我們所思考的神」與「他們所思考的神」是不同的。

提問者A 那究竟是怎麼個不同法呢？

習近平守護靈 嗯，嗯……。就我們來看，主張「愛」啊「慈悲」啊「反省」這類東西的神，其實是讓人「懦弱」的神。但有時又主張「正義」，有時又用武力解決問題，對方就是那種奇怪的「不男不女的神」。

而我們的神要來得更有男子氣概。

提問者A 等等，那種想法……。

習近平守護靈 要消滅弱者。

提問者A 你是說要消滅弱者？

習近平守護靈 嗯。強者繁榮昌盛，屈膝投降就可活命。

提問者A 就可以活命？

習近平守護靈 嗯。

習近平守護靈主張「在宇宙中黑暗勢力才是主流」

提問者B 具體來說，所謂「習近平X之神」，可以告訴我們這個神的名字嗎？

習近平守護靈 我也是神啊！

提問者B 我也認為你會這麼說，但是你剛才提到了「我們的神」。

習近平守護靈 嗯……。我認為「在宇宙中，我們才是主流」。宇宙大部分是漆黑一片。

但是，其中也有一些傢伙想要點亮光明。我們必須要做的工作，就是消滅那些燭光，因為宇宙會被火「燙傷」，所以必須消滅。

提問者A　基本上你是信奉「黑暗理論」的吧？

習近平守護靈　宇宙本來就是一片漆黑不是嗎？我們占八成哦。

提問者A　占了八成嗎？

習近平守護靈　嗯。

希望「消滅信奉釋迦、基督、蘇格拉底的民族」

提問者A　還有一個問題，你知道「裏側宇宙」嗎？

習近平守護靈 嗯……。現在的宇宙不就正是「裏側宇宙」嗎？

提問者A 現在的宇宙就是裏側宇宙？

習近平守護靈 嗯。原則上不就是一片漆黑嗎？。

所以說，有太陽……，銀河系中，只有太陽的地方是明亮的。在那裡，誕生出其他不同的文明，為了阻止從那出現的想法廣布，就需要把那「火」給滅掉。我們就相當於消防員的角色。宇宙就是黑暗，寂靜的狀態才適合。

提問者B 只是，從你剛剛說的話來看地球的歷史，無論是當今的時代還是以前的時代，當地球上存在那般集體意念時，「蟲洞就會被打開」，進而你們就能前來，否則就無法來，或者說你們就不存在於地球的歷史。

我感覺到你是在說「通常，地球很難入侵」，請問你是怎麼想的呢？

習近平守護靈　嗯……，雖然我不是很清楚你說的意思，但總而言之，用宗教來說，釋迦、基督、蘇格拉底……等，信奉這些思想的文明或民族，對這一類的東西，我有著必須除之而後快的心情。

孔子嘛，還有可以利用的部分，所以現在讓他的思想稍微復活一下。

與從伊爾達星來的宇宙存在「雅伊多隆」是什麼關係？

提問者D　前幾天，在其他的靈言中，來自天鵝座的外星人表示，自己正在介入習近平的中國。你與天鵝座的外星人也不同嗎？

習近平守護靈　啊啊，天鵝座也是我們戰鬥的地方。

提問者D　也在天鵝座戰鬥……。

習近平守護靈　嗯，有幾個地方現在都在戰鬥中。

提問者D 原來如此。

習近平守護靈 天鵝座也是一個戰場。

提問者A 只是，在仙女座和齊塔星，你都被對方勢力壓制住，進而逃來地球的吧？

習近平守護靈 與其說是「逃來」，倒不如說「那裡不適合我」。

提問者A 您認為，「在地球上的勝算」有多少？

習近平守護靈　嗯？現在不是勝負已分了嗎？如今正是享受「最後壓軸好戲」的時候，你在說什麼啊！

提問者A　你已經把現狀視為「最後壓軸好戲」了？

習近平守護靈　很快，很快就可見分曉。馬上就可以決定誰是「世界皇帝」了。

提問者A　只不過，以前相當於正義之神的宇宙存在「雅伊多隆」……。

習近平守護靈　啊，那個傢伙啊！在齊塔星的時候，那個傢伙，雅伊多隆是我的敵人。

提問者A　他是你的敵人？

習近平守護靈　嗯。伊爾達星來的雅伊多隆，把我們趕走了。

提問者A　原來如此。

「自就任國家主席後就一直對歐洲懷柔，拉攏歐巴馬」

提問者A　據雅伊多隆表示，「即便中國戰勝了美國，接下來還有印度，再接著還有伊斯蘭圈」。若是中國想要成為最終的勝利者，還有好幾個階段⋯⋯。

習近平守護靈 哎呀，那些傢伙很囉唆啊！我知道要分成好幾個階段。所以現在才要趁印度還沒成為霸權國家之前，將其摧毀。

提問者A 要將其摧毀。

習近平守護靈 嗯，正在進行中。

提問者A 只是，從兵法上考量，同時多方向作戰⋯⋯

習近平守護靈　中國能做到這般程度，當然背後是因為有著「超能力」。

自從我就任國家主席以來，就一直對歐洲懷柔，拉攏歐巴馬。只有川普跟我唱反調，幸好美國人「熱愛眾愚政治」，他才得以被消滅。他馬上就會進入監獄或者流放國外，大概就剩這兩條路可走了。

唉呀，他太多敵人了。

歐洲各國基本都衰退了，首先英國脫歐，英國會被英國人自己摧毀。在那之後，歐洲的中心就是德國了，德國對於在二戰中戰敗還感到負疚，這部分可以稍微利用一下。

二戰的時候，德國不是我指導的，而是我另一個「友軍」指導的。

提問者B 那個友軍指的是……？

習近平守護靈 這個嘛，我不可以透露太多其他人的資訊。

提問者A 其他人？

習近平守護靈 亞特蘭提斯時代也曾來過地球的傢伙們。

提問者A 你知道他們具體的名字嗎？

習近平守護靈 不，他們和我們不同，這我不能說。

過去曾在美洲文明中繁盛的紅色人種，用「核武」消滅了？

提問者A　觀察這次的美國總統大選，我認為國民的想法影響非常大。左翼思想、唯物論思想，或者是採納極權主義思想的GAFA（編注：Google、Apple、Facebook、Amazon）。我的理解是，被那種思想浸染時，就非常容易被你們的勢力給攻陷。

習近平守護靈　是啊，各式各樣都有。消滅美洲文明，這是第二次了。

提問者A　第二次？

習近平守護靈 嗯。過去已消滅過一次。

提問者B 也就是說，第一次也是你下手的？

習近平守護靈 當時，在美洲有一個「紅色人種」的民族，曾有過一段繁盛的文明，我把這個文明連根滅絕了，一部分成了原始人作為印第安人留了下來，其他幾乎全被殲滅。當時爆發了「核武戰爭」。

那是，據今多久之前的事來著？不到兩千年吧，一千幾百年前，按照紀元來說的話，大概二、三……三、四世紀，差不多是那個時候吧（作者注：尚未進行正確的靈查）。

當時，已經是連根拔起。中心大概是現在的內華達沙漠，那裡是當時那個文明的中心，如今已經變成沙漠了。

提問者B 也有一說是，當時「受到了來自火星的攻擊」……。

習近平守護靈 當時也有來自火星以外的攻擊。不過，說到火星，我來到地球之前，不可能什麼事都不幹，我在火星建立了前線基地，之後才來到地球。當時，從火星也發動了攻擊。

提問者B 原來如此。

在「實用主義」與「科學技術」方面凌駕於地球人之上，然而敗因在於宗教

提問者A　按照你剛才所說，至少你在仙女座的時候，對上愛與慈悲、反省之神，結果吃了敗仗……。

習近平守護靈　哎呀，在仙女座並不是輸了，非要說的話，嗯……，就某種意義上來說，我們十分相似。

提問者A　與你的想法相似嗎？

習近平守護靈　嗯。那應該算是「武士道的之戰」吧！

提問者A　武士道之戰嗎？

習近平守護靈　我認為是「武士道對武士道的戰鬥」。

提問者B　武士道嗎？（苦笑）

提問者A　只不過，在仙女座的時候，「勝者為王」……。

習近平守護靈　就像是「柳生流對北辰一刀流之戰」一般……。

提問者B 不對、不對，如果是武士道的話，至少會有「幫助弱者」的精神。

習近平守護靈 誰在乎那種事啊！

提問者B 武士道裡面講究的「不是毀滅弱小」，而是「幫助弱小」……。

習近平守護靈 不知道啦！武士道的基本就是要打倒對方。

提問者A 只不過，武士道當中應該包含著「守護尊貴之物的價值」的精神。

習近平守護靈　哼。我不知道。

提問者A　不知道？

習近平守護靈　那種事我不知道，仙女座的……。

提問者A　然而，你剛才說過「講究愛之人是軟弱的」……。

習近平守護靈　嗯，很軟弱啊！

提問者A　那為何你會敗給他們呢？

習近平守護靈　因為軟弱……，因為軟弱，所以國家才因此而衰退，不是嗎？

提問者A　就算國家衰退了，那為什麼你會被仙女座驅逐了呢，或者說為何你逃走了呢？

習近平守護靈　那些傢伙，只不過是武力太強而已……。

提問者A　你是說「武力很強」？

習近平守護靈　嗯、嗯。現在，他們正在做著與我們想法完全相反的事。他們不是讓美國建立了「深厚慈悲的政權」嗎？那樣做正好毀了美國。

提問者A　只是，你的想法裡，完全沒有慈悲吧？

習近平守護靈　沒有。

提問者A　沒有對吧？

習近平守護靈　嗯。

提問者A 用這個地球上的歷史來說，元朝攻打歐洲，最終卻失敗了。那是為什麼呢？

習近平守護靈 哎呀，那是因為根基深厚的基督教文化和伊斯蘭教文化，已經先行一步。

總而言之，用你們的話來說，我們就是在「實用主義」的一面凌駕他們、「用科學技術」的一面凌駕於其上，但是地球人創造的那種「相當於宗教的東西」，我們卻未樹立起來，我認為這即是敗因。

提問者A 原來如此。宗教與「強大」有關。

習近平守護靈　不，宗教與「軟弱」有關。

提問者A　可是你說，未建立起宗教即是敗因不是嗎……。

習近平守護靈　軟弱的人們才會聚集到宗教裡去，所以我們不需要。我們之所以很強，是因為指導者有著天才的智慧，但有時無以為繼。只靠血脈繼承是維持不下去的。

提問者B　沒有遺留下來思想，所以維持不下去了嗎？

習近平守護靈 嗯，對。「思想」沒有遺留下來。

但我們有著「實用」的學問，放在今天來說就是「科學技術」。

歐美和亞洲、非洲會向「世界皇帝」習近平俯首稱臣嗎？

提問者A 那麼這次的中國不會重蹈元朝的覆轍嗎？

習近平守護靈 嗯，你十分犀利嘛。討論這個為時尚早，在那之前，我要先當上「世界皇帝」。

除此之外，我想一下……，我現在考慮的是要向全世界輸出

「習近平思想」、「習近平思考」。

提問者C　那麼，你認為進行到什麼程度，就可以稱得上是「世界皇帝」了呢？

習近平守護靈　那就是美國總統行臣下之禮，「到北京面聖」。我想日本再過不久就會到「北京面聖」。

此外，當歐洲完全處於中國資本的掌控之下，並且非洲、亞洲的國家處於仰仗北京的慈悲才可生存的狀態時。

然後，大英帝國要對於過去的侵略，向全世界謝罪，他們要承認並道歉「自己是希特勒的同夥」。

如果能創造出如此狀態，那麼大事基本就成了。我根本沒把日本放在眼裡，我打算讓你們當個「跑腿的」。

提問者A 能實現到那一步嗎？

習近平守護靈 嗯。

道出「與中國有關的事物，基督教已被攏絡了」

提問者A 現在，全世界的宗教都變弱了。人們的信仰心變得薄弱也是全世界的現狀。

習近平守護靈　嗯、嗯、嗯、嗯。

提問者A　在這種狀態下，我想你們能夠趁虛而入。在下一個世代，若是有新的宗教興起，人們開始擁有虔誠的信仰時，你打算怎麼辦呢？

習近平守護靈　這種事，你……（笑），這種假設的問題，就算我回答了又能怎樣呢？

提問者A　你的意思是不可能？

習近平守護靈　看看香港，香港的行政長官也是天主教徒，然後周庭，還有一個人，那個男的。

提問者C　黃之鋒。

習近平守護靈　黃之鋒也是基督徒吧！所以啊，那是基督徒之間的戰鬥，一方將另一方送進監獄了。基督教什麼的，早已不是愛的思想，而是分裂的思想了吧（笑）。基督教已經變成了分裂與對立的思想，已經沒意義了。在中國國內也是「地下教會對抗地上教會」。

雙方都在中國當局的監視之下，只是東風西風誰占上風的區別，主教的任命權已握在我手裡啊！

所以說，與中國有關的事物，基督教已經被攏絡了。

基督教已經沒了，分出勝負了。

8 對中國國內「習近平所思考」的是？

在中國敢反抗我的人是無法存活的

提問者B　今日的主題是「現今習近平的所思所想」，剛才主要就海外相關的部分，向你請教了很多問題，那麼對於中國國內的部分，你又是怎樣想的呢？剛才我們也提到了洪水的話題，從中國內部發佈的資料、研究，可以得知「有幾千萬人到一億左右的人口，其實是失去了家園」。

習近平守護靈　房子什麼的不需要啊！人們本來就是住在洞窟裡的，根本不需要什麼房子。

提問者B　你的意思是「人們只要住洞窟裡就夠了」，這是習近平對於國內的思考？

習近平守護靈　習近平也住過洞窟啊！在他下放的時候。

提問者B　明白。

要說「為什麼會發生洪水」，聽到過很多傳聞，據說為了保護富裕階級或特權階級的權益，也就是說，為了保護居住在下游的人們的權益，而破壞了上游的堤壩，導致住在上游的人們都被淹沒了，政府完全不在意上游人們的死活而肆意洩洪。這次洪災是基於「只要強就可以」的想法下，實際運用的一個案例嗎？

習近平守護靈　在中國，敢對北京政府，也就是對我，敢反抗我的人是無法存活的。而且我也不允許人們逃亡到海外，只能將其殺掉。

提問者B　所以你能夠若無其事地就決定讓大壩潰堤……。

在內蒙古、維吾爾、西藏進行「與外星人的交配實驗」

習近平守護靈 想增加多少人我都能做到啊！你們說了一堆多餘的廢話，還說我對內蒙古、維吾爾、西藏，做了像是和希特勒一樣的事。你們是不是搞錯了什麼啊！我所做的已經超越了希特勒啊！

提問者A 超越了希特勒。

習近平守護靈 你們真是一些蠢貨。

提問者A 原來如此……。

習近平守護靈 總之，中國正在進行「與外星人的交配實驗」，用漢人做實驗太浪費了，所以我用非漢人且是「次級品的傢伙們」，和外星人進行交配。

提問者B 關於這一點，我想請教一下……。

習近平守護靈 我要增加多少人口都可以。所以說死個人嘛，無論洪水還是蝗災，死就死吧沒什麼關係。只要把這部分人口再製造出來就行了。以人會死作為前提考慮，我廢除了一胎化政策。

提問者B　這一期的《真自由》中，揭開了與此有關的一些端倪，也就是關於「人造士兵」的報導……。

習近平守護靈　寫得你們好像在哪親眼看見了一樣。

提問者B　這個嘛，等同於「看見」……。

在中國進行的肉體改造研究，目的是為了外星人移居到地球？

提問者B　也就是說，冷靜地從過去的各種靈言中觀察得知，或許在你的想法或者計畫中，遲早會為那些外星人、外星人靈魂們，移居至中國或地球進行必要的肉體改造……。

習近平守護靈 正是如此。「想成為地球人的人」，都排著長隊等著呢！

提問者B 明白，正因為有人在等著，所以暫且用「製造超級士兵」的名目來說服中國國內，實際上是著眼於未來的需求，製造出適用於移居的肉體。

習近平守護靈 嗯，對。就像你所說的那樣。我正在進行中。

提問者B 明白，我想也是。

習近平守護靈 我們正在研發中。說到這個，其實希特勒也曾著手研究過，但是並未有什麼大的進展。

這個嘛，我們的魂群雖然現在能夠進駐於地球人的身體，但是為了讓這個靈魂可以完全支配人類的身體，就必須對肉體進行改造。畢竟現在這種程度的肉體是不行的。

「需要比地球人更耐得住高溫與嚴寒的身體」

提問者A 讓我感到非常好奇的是，在你的星球上，肉體究竟具有哪些特性呢？你考慮的是讓地球人與你那裡的外星人進行交配嗎？

習近平守護靈 嗯……，好比說溫度再稍微高一點也能生存……。

提問者A 在高溫下。

習近平守護靈 還有必須在低溫下也可以生存。

提問者A 那是不是需要相當厚的皮膚，你原本是怎麼樣的姿態呢？

習近平守護靈 地球人類只靠「柔軟的、薄薄的皮膚」保護肉體，實在是靠不住啊！

提問者A 你可以用雙腿直立行走嗎？

習近平守護靈 嗯，用雙腿步行也可以。

提問者A 可以嗎？

習近平守護靈 嗯。

提問者A 身高跟一般人一樣就可以嗎？

習近平守護靈 現在有糧食問題，所以得控制一下身體的尺寸。

先改造占領地區的人們為士兵，改造統治階級在其之後

習近平守護靈　除此之外……，中國的可能性比較高的原因是，中國人什麼都吃，爬蟲類、兩棲類什麼都吃。還吃蝙蝠。不，蝙蝠好像不吃，我不太清楚。這個嘛，和其他國家比起來，什麼都吃，所以進駐中國人的身體會容易一些。

像印度人之類的，雖然有著相當龐大的人口，但他們基本不吃什麼含有蛋白質的東西，所以很瘦。真是，淨吃咖哩把人給吃瘦了。

提問者B　這種情況，就像電影「星際大戰」一樣，存在人造士兵和複製

士兵，平時他們都很順從，但在某時當開關突然開啟時，他們就會聯合起來，對抗支配勢力，甚至奪取了整個國家。聽你剛才的描述，實際上你是否在某種程度上，把這種未來的可能性也考量進去了呢？

習近平守護靈

不，不可能會有那種事。現在，中國共產黨員有九千萬人左右，現在一直在練習著用九千萬人去統治十四億人。而且現在也正在構建，如此統治結構不被顛覆的思想體系。

看到美國的失敗，為了讓大家意識到兩大政黨的議會制民主主義究竟有多麼脆弱無力，現在我正拚命地啟發中國國民。

提問者B 如此一來，未來的中國共產黨員的肉體，說得不好聽一點就像某種「怪獸」，具備這種肉體的人才能成為共產黨員……。

習近平守護靈 不，在一開始，我是不會這麼做的。第一步是在現在占領的地區當中，先改造人們為「士兵」。

提問者B 啊，原來是這樣。

習近平守護靈 首先要做的是改造出強大的士兵。而改造支配階層，還存在一些風險，過一陣子再說。

提問者B　原來如此。

現今被漢民族統治的中國，若少數民族開始獨立的話，會分裂成十七個？

提問者A　去年夏天，幸福科學的總裁做了一個關於「有十七個頭和尾巴，長著翅膀的巨龍橫衝直撞」的夢（參照《從濕婆神之眼看地球的未來計畫》後記）。關於這頭巨龍，你有什麼想法嗎？

習近平守護靈　嗯……。也許真有十七個頭吧！

提問者A　也許。

習近平守護靈　嗯。在中國內部，現在已經控制住了，但若是出現群雄割據的局面，就會存在十七個左右的「頭」。

這本來就是一個各種民族亂入的國家，現在雖然被我控制住了。現在漢民族正統治著，但其他民族也占很大的比例，若他們開始鬧獨立的話，那國家就有可能會分崩離析。

所以要是蒙古、維吾爾，這些地方的「獨立運動」都成功的話，就會獨立為其他民族了。

你們可真是不瞭解。或許你們以為中國「全部是漢族」，但其實不是這樣的。他們都像這樣，都會開始鬧獨立。

就算曾經存在漢族統治的時代，但實際上也只有少數幾個而已。在你們印象裡具有代表性的唐朝也不是漢族，那是鮮卑族在統治，中國是由其他民族統治的。

元朝是蒙古人在統治，清朝是滿州族人在統治。所以說，存在著很多不同的民族……就連金也不是中國人啊！金、金……金（後金）所建立的是明王朝，那也不是漢族啊！

中國一直持續著被少數民族所統治，數一數，龍頭也許大概有十七個吧！

在這之前，突厥附近，也就是中亞地區，俄羅斯已經混入了，從阿富汗到中東附近的民族裡，就連印度都混進了一些，還有韓國和北朝鮮也是，是說台灣也有被倭寇的國家佔領的時期，如此情況不勝枚舉。

提問者A 你把中國各民族都統整在一起。

習近平守護靈 現在中國就是靠共產黨統治著，一個非常「幸福的時代」，現在正降臨於中國。中國成為了世界最強的國家，用一個思想統整在一起，大家都像這樣……。

洞庭湖娘娘正要從靈界為中國興起「水的革命」

提問者C 幸福科學擷取到來自靈界的訊息中，比方說，去年出現了一位叫做「洞庭湖娘娘」的靈人……。

習近平守護靈 嘖，真應該把洞庭湖填埋了才好，真是的。

提問者C 她提出了一個名為「水的革命」的關鍵字。

習近平守護靈 我真的會把湖填掉哦！再多嘴的話。

提問者C 這般靈界的動向，想必你已有所瞭解，實際上在中國，靈界能量正在逐漸崛起，意圖發起一場改變體制的革命。

習近平守護靈　那些是叛亂軍啊！嗯，洞庭湖，再多嘴的話，我就給它埋起來，真的是！

提問者A　那並非叛亂軍吧，如果你尊重中國的孔子的話，那麼也應該知道堯、舜、禹等聖人，那位洞庭湖娘娘就是堯的女兒。

習近平守護靈　不知道啦！那種事，我才不知道……。

提問者A　只是，洞庭湖娘娘對中國來說是有正當性的。

習近平守護靈　老掉牙的傳說故事，都是發生在那些和村子差不多大小的國家，如今的中國稱霸世界，發射太空船，這一來一往之間，中國可是「今非昔比」。

提問者A　只不過，在中國的起始階段，當時的堯、舜、禹等政治家，都是信仰「天帝」的。

習近平守護靈　哼！

提問者A　信仰天帝才是中國的開始吧！

習近平守護靈　那是古代人。古代有像「印第安人」那樣的民族，存在一些

「印第安的神」，僅此而已。從現代這個即將要統治宇宙的中國看來，那種東西（笑），簡直就是遙遠的原始時代。

提問者A 但是，靈性的能量……。

習近平守護靈 有洞庭湖娘娘這號人物嗎？反正就是一條湖裡的大鰻魚之類的東西吧，有什麼好提的。

提問者A 但你明明去年為了洪水而苦惱。

習近平守護靈 嗯，河水暴漲，偶爾的確會看到龍啊什麼的。

提問者A　那你認為原因何在呢？

習近平守護靈　不知道。這種事情……。

提問者A　那並非僅是單純的物理現象……。

習近平守護靈　啊、啊、啊，有時就是會存在著不知是什麼的東西。反正我們會在死了一億人的地方進行「品種改良」，不要緊的。

提問者A　原來如此。

習近平與秦始皇在靈性方面是合作關係，「只是利用」毛澤東而已

提問者A　在靈性方面，你與秦始皇有什麼關係嗎？

習近平守護靈　嗯？

提問者A　與秦始皇。

習近平守護靈　啊，秦始皇……。秦始皇的時代，我們沒有參與其中，我覺得他應該有其他的智囊團吧！

提問者A 你和那些人不一樣嗎？

習近平守護靈 嗯，不一樣，但我們現在是合作關係。

提問者A 有合作關係。

習近平守護靈 嗯，有合作關係。

提問者A 還有，現在你和毛澤東是什麼樣的關係呢？

習近平守護靈 我跟毛澤東要怎麼說呢……，一定要說的話，我就「只是利用」罷了，並沒有什麼特別的關係。

提問者A 你利用了他？

習近平守護靈 哎呀，他啊，也有可能會輸嘛。嗯……，他比較弱。

日軍一直和蔣介石的軍隊打仗，毛澤東的共產黨呢，就一直往西邊逃啊逃的。那是模仿三國時蜀國劉備玄德的做法，總之毛澤東先逃到日軍不會來的深山裡去，鑽了一個又一個的洞窟！等日軍將蔣介石的軍隊打得疲憊不堪，削弱了蔣的力量，然後日本軍隊投降了，毛澤東就贏得了內戰，又活過來了。

那時我沒想到毛澤東能夠取得天下，幸虧美國的激烈攻勢，日本戰敗了。如果日本不敗的話，那毛澤東肯定得不到政權。

提問者A 原來如此。那麼現在，在中國的靈性力量關係發生了變化嗎？

習近平守護靈 雖然我不認為毛澤東是一個強者，但是我利用了他。

習近平與「裏側宇宙的惡魔阿里曼」的關係如何？

提問者A 我要再次把話題拉回來，現在你與阿里曼具體來說是什麼關係呢？

習近平守護靈 嗯……。阿里曼是我的「手下」來著……。

提問者A 是你的手下嗎？

習近平守護靈 嗯。

提問者A 是從何時明確了如此上下的力量關係呢？是最近的事情嗎？

習近平守護靈 嗯……。

提問者A 原本就是那樣嗎？

習近平守護靈　瑣羅亞斯德教也傳入了中國，對吧！

提問者A　是。

習近平守護靈　過去瑣羅亞斯德教作為拜火教傳入了中國，當時我也加以管理過。

嗯，阿里曼……。嗯，阿里曼……，阿里曼……。

我把瑣羅亞斯德教從這個世界上消滅了。但是，接下來又……，中東不斷興起一個又一個的宗教，一個新宗教出現，上一個宗教就又被消滅，但我稍微有些模糊，因為瑣羅亞斯德教至今還是存在。

我想想，嗯……阿里曼，阿里曼到底在哪來著。哎呀，這傢伙好像在很多地方都出現過。在柬埔寨，波布屠殺了兩百萬人的時候，我記得那時候阿里曼就在那裡。所以說，他未必一直都在中國。

提問者A 雖然他是你的手下，但他的老大卻時時在改變嗎？

習近平守護靈 這個嘛……，這就像「堂口老大」有很多一樣。

提問者A 你是否知道「阿里曼是從裏側宇宙來的」？

習近平守護靈　嗯，或許是從那來的，有很多堂口，所以「幫主」必須居於其上。

提問者A　還有幫主？

習近平守護靈　嗯、嗯。

提問者A　那是指你嗎？

習近平守護靈　嗯，現在我的地位已經提升到「世界皇帝」了，所以幫主已經和習近平一體化了。

習近平守護靈認為「發明暗黑物質者是宇宙的根源之神」

提問者A　只是，你還是認為神是存在的吧？

習近平守護靈　嗯？

提問者A　就好比說「幫主的頭」。

習近平守護靈　我認為的神？在地球上不存在。

提問者A　那在宇宙裡呢？

習近平守護靈 嗯。在宇宙裡，的確是存在著力量更高段的人物。

提問者B 還存在一位力量更高段的人物？

習近平守護靈 嗯。

提問者B 可以透露得具體一些嗎？

習近平守護靈 那部分我不知道。雖然我不知道，但這「宇宙暗黑」的製造者是存在的，那就是造物主。他創造了「黑暗」這種東西。也就是說，有一個創造出「暗黑物質」的存在，那就是宇宙的真正的根源之神。

而對他發起了叛亂的就是阿胡拉・馬茲達的久遠過去的「光明之神」，發動了「叛亂」。

提問者A 發動了叛亂……。

習近平守護靈 嗯，宇宙即是黑暗。

提問者A 在你的宇宙當中，「宇宙即是黑暗」的思想廣為流傳嗎？

習近平守護靈 不是思想流傳的問題，而是原本就是黑暗啊！

提問者A 那麼，你認識那位宇宙的創造者嗎？

習近平守護靈 嗯，這個嘛，就像煤焦油一樣……，他存在於幾百萬光年深處的遙遠彼端，我不認識。但他是存在的。

或許你們發現了「黑洞」，我認為他就存在於黑洞的彼端。

當恆星死滅時就會變成黑洞對吧？

拿地球為例，若是把地球的直徑縮小到一點七七公分，就會出現黑洞，太陽系的所有東西就全都會被吸進去。

一旦黑洞開始吞噬，被吸入的地方究竟是哪裡呢？

那就是稱為「裏側宇宙」的地方。

提問者A 是的。那裡有你認為的……。

習近平守護靈 嗯，那個裏側宇宙，其實才是宇宙的母體。知道嗎？所以表面出來的只是一部分，而被吸收進去的部分，在另一側，還有一個被稱為「裏側宇宙」的巨大宇宙。

提問者A 那裡的主人並不是阿里曼嗎。

習近平守護靈 不是，他是我手下。

提問者A 他是你的手下？

習近平守護靈　嗯。手下、手下。

提問者A　這我可是第一次知道。

9 如何用「習近平思想」稱霸世界

「厭惡民主主義，無法相信『人類具有佛性』的思想」

提問者A 剛才的話題十分宏大，不如我們回到現代。這個地球今後會變成怎樣，或者你希望將其變成怎樣呢？

習近平守護靈 嗯……，我厭惡民主主義。我無法相信「人有佛性」，或「人是神之子」之類的思想。宇宙是從暗黑物質中形成，我相信的是「暗黑一元論」。

提問者A 你認為「人性本惡」？

習近平守護靈 是「暗黑一元」。不是「惡」，你們所想的「惡」也不過是幻想。

提問者A 「唯物論」和「暗黑一元」的想法，有什麼樣的關係呢？

習近平守護靈 你們是以黑暗當中零星亮起的星星和天體，用這個銀河或太陽系為中心，去思考唯物論。而我們呢，是從這一切的周邊，從那十分遙遠的周邊來觀看。你現在是不是覺得「我連話都說不清楚」呢？

提問者B　不，周邊圓圓地一圈包裹著的就是「光」啊！

習近平守護靈　不，是「黑暗」。你在說什麼啊！

提問者B　我現在了解了，因為你的看法不同，所以解釋出來的話語是相差了一百八十度。

習近平守護靈　總之，要把叛亂份子全部消滅掉。新冠病毒就是一個象徵，與我敵對的人，全部都要消滅乾淨。

想要「將日本從美國的殖民地下解放出來，使其向中國朝貢」

提問者C 我想請教一個具體的問題，剛才我們說到了一個關於有十七個頭的龍橫衝直撞的靈夢。這個夢預示著，你在不久的將來會對日本有侵略性的行動，那麼現在，你是怎麼考慮日本的呢？

習近平守護靈 哎呀，你們說的這是什麼話啊！我們是打算「解放」日本啊！你們可是「美國的殖民地」啊！你知道嗎？日本已經做了七十年的殖民地了啊！直到現在也都還是殖民地。你可知在日本有幾個美國的基地？日本一直在說「我們有美國保護」，這就是代表被美國統治著的意思。你們在美國的殖民地下過著「奴隸般的生活」。

在中國統治之下，向中國朝貢才是本來日本應有的樣子，所以我要讓你們從美國殖民地中解放出來。過不了多久，你們的「解放之日」就會到來，好好期待一下吧！

然後，對於你們從中國「偷來」漢字使用這件事，你們每一個日本國民都要每天說「非常謝謝中國的各位，謝謝你們允許我們使用漢字」，這樣的日子馬上就要來臨了。

提問者C　所謂的「馬上」，是說你已經預定要進行哪些具體的行動嗎？

習近平守護靈 嗯，把美國趕走挺好的吧？就是這麼簡單。嗯，我會讓他們不得不撤走的。

提問者B 所謂「我會讓他們不得不撤走」指的是什麼，可否再說的具體一點？

習近平守護靈 我這不就是要讓拜登拿到諾貝爾和平獎嗎？如此一來，他就會削減美軍，如此一來，雖然非常遺憾，但結論就像川普說的那樣，會變成「美國孤立主義」。只是換個說法，但結論一樣，殊途同歸。

提問者B 嗯。

支配多神教的印度的戰略

提問者B 觀察今年到明年的動向，明年預計會在北京舉行冬奧會，但是各國對中國舉辦冬奧會的抵制運動已經開始了。

例如，這種動向一旦在世界上出現，又或者中國把觸手伸向台灣的話，就會在世界上引起一連串的反應。對此，單純地使用「都染上黑色」的做法，真的行得通嗎？

習近平守護靈 你們還真是傻啊，你的腦袋不好吧！

我都說了「日本是中國的」，你們還有功夫擔心台灣啊！

提問者B 是，因為日本和台灣是某種命運共同體。

針對你剛才說的，我想要強調的是，日本有作為台灣舊宗主國的責任，必須要考慮到如此深遠的層面，所以我才會問你這個問題。

習近平守護靈 必須也把印度變成唯物論國家才行，否則就無法支配印度。印度那個林林總總的多神教，太麻煩了。那就是原始人的宗教。

必須要將印度的宗教一掃而空。在思想上用「唯物論」浸染，得讓他們全部「廢佛毀釋」，然後注入新的習近平思想，並且在中國資本下對印度進行再開發。

提問者B 要為印度注入唯物論思想，具體上要怎麼……。

習近平守護靈 首先必須破壞，有必要全部破壞掉。

如何看待「淨零碳排」公約？

習近平守護靈 你們也盡可能地努力儘量不要排出二氧化碳吧！油田是屬於我們的，世界的油田我們會全都奪過來。

提問者B　在下一期的《真自由》會做一個專題報導，還請不吝賜教。不過在中國的公約裡宣稱「二〇六〇年前，實現二氧化碳零排放」……。

習近平守護靈　怎麼可能！（笑）中國從未遵守過什麼公約。

提問者B　果然，還是不會遵守的啊……。

習近平守護靈　沒有守約這樣的事。我只是覺得，其他國家能遵守的話就挺好。

提問者B　現在的這句話，可是中國的守護神所說的吧？

習近平守護靈　現在中國也不想讓煤炭的二氧化碳排放出來，因為「煤炭的二氧化碳」，大家都必須戴上口罩，已經到了對支氣管與肺部造成傷害的程度了。和煤炭比起來，中國想使用更有效率的燃料。如果石油能夠代替煤炭，那就太好了。

「習近平現在的所思所想」，全都是要掠奪所有資源

提問者B　這麼說來，你還是要對各種地區的油田地帶出手，或者打算支配那些地區嗎？

習近平守護靈 也必須拿下印尼才行啊！

提問者B 印尼？

習近平守護靈 汶萊。對吧？也必須拿下那裡才行。歐洲也是，導致英國脫歐主那個北海油田，我也想要拿下來啊！

提問者B 那麼關於伊朗呢？

習近平守護靈 嗯。他們已經往中國這邊靠攏，很快應該就可以「捕食」了。對方為了保護自己遠離美國，除了跳入中國的懷抱已經別無他法。

提問者B 如此一來，日後的海上交通線……。

習近平守護靈 「石油」和「天然氣」已經都被中國控制了。你們這些減少碳排放的國家越多越好。

提問者B 為此，在理論上中國必須拿下台灣對嗎？

習近平守護靈 台灣就像是渡河時飛過來的一顆小石頭而已啊（笑）。小到不值一提。

我的目標是要把澳洲的煤炭和鐵礦，汶萊的油田、北海油田，還有伊朗、伊拉克、沙烏地阿拉伯附近的油田都控制到手。把非洲再次奴隸化，那裡是製造「複製人」的最佳之地，我也想在非洲試試看。

提問者B　這樣看來，「現今習近平的所思所想」說白了就是，將所有的資源都掠奪過來，你打算按照這個思路進行是嗎？

收編GAFA，以中國網路支配世界的「習近平思想」

習近平守護靈　現在啊，是九千萬人統治著十四億人，接下來是十四億人統治全世界的七十八億人……，就算因新冠疫情等死掉一億人，那還有七十七億人。我有一個統治七十七億人的藍圖。

提問者B 剛才你的話裡出現了「奴隸化」這個詞，如此一來，就「習近平思想」來說，就等同於用一部分中國人讓其他人類奴隸化……。

習近平守護靈 華僑現已活躍於全世界。看看猶太人就算去了世界各地，依然彷徨無依，但華僑用經濟支配世界，現在已經將猶太資本驅逐出去，中國資本逐漸成為美國經濟的執牛耳者。美國的媒體等等，曾經在猶太資本的控制之下，如今已經逐漸在中國資本的掌控之下了。

也就是說，「世界是屬於中國的」。把這些能源都掌握在手裡，就是很重要的一環。其他的國家，用脫離能源、脫離化石燃料的方式，來達成不排放二氧化碳的目標，就繼續拚命利用太陽能、風力什麼的就對了！在這期間，我們會掌控所有的燃料。

還有一個，就是要用網路來稱霸世界，中國打算將GAFA全部收編進來，把GAFA全部吸進黑洞，用中國的網路去統治世界，這就是下一個戰略，這就是「習近平思想」。

提問者B 這也是一個非常明確的戰略。

習近平守護靈 這就是「習近平的思想」，與川普想做的事正好相反。

提問者B 觀看習近平現在的所作所為，就真的非常像是你所說的。

習近平守護靈 嗯，就是這樣。

提問者B 實際上，剛才的發言作為證據非常重要。

在新冠疫情下，GAFA取得史上最高盈利的真相

習近平守護靈 川普沒贏對吧？因為中國人民解放軍在背後駭客美國，所以他

們想把中國的網路企業全部排除在外，但結果川普也沒贏。這次我要把他們全部併吞。因為大家都追求十四億的市場啊！GAFA也是，人人都是。到頭來，為了追求利益，他們就會輸。現在GAFA獲得了史上最高盈利對吧？他們已經被收買了。

提問者B 那些盈利成為了「欲望」，GAFA上鉤後就會對中國亦步亦趨吧？

習近平守護靈 對。這就是賄賂，但因為他們不是政治家，所以賄賂不會構成犯罪。假如是政治家的話就是犯罪了。

ＧＡＦＡ獲得了史上最高盈利對吧？不是嗎？

提問者Ｂ　那個最高盈利，也就是說……。

習近平守護靈　因為新冠疫情而出現了最高盈利。在推理「殺人事件」時，只要看看誰是既得利益者就明白了。

提問者Ｂ　也就是說，你讓他們獲得了超過一般盈利以外的利益。

習近平守護靈　多到滿出來了吧？

提問者B　也就是，你讓他們賺了大錢。

習近平守護靈　一方面美國死了四十萬人（指收錄當時，二〇二一年八月二十五日已達到六十三萬人以上），而另一方面我就讓ＧＡＦＡ獲得了史上最高盈利。

提問者B　你是說，美國人完全沒意識到這一點。

習近平守護靈　對。過不久那些全部都會歸入中國的支配之下，那樣的時代就快來臨了。

總之現在是拜登，實在是太好了。

在「中國疫苗」中，加入了「讓人產生變異」的東西？

習近平守護靈　拜登的失智症是要讓他好，還是要讓他更糟，盡在我們的掌控之中啊。

最好搞清楚，美國的醫療機構也在我們的掌控之下。

提問者B　這我們也知道，但今天我並未刻意的深入詢問這方面的議題。

習近平守護靈　我們在藥物系統也很強，非常強，因為我們講求的是唯物論。

提問者B　我還另一個問題，想要請教……。

習近平守護靈　你話題變太快了，剛才的話題，我還沒說完。

提問者B　（笑）好的。

習近平守護靈　在GAFA之後，藥物系統方面我們也很強。目前生產了很多疫苗，在疫苗裡加入一些別的東西，就可以操縱你們了。提醒你們一下，還是小心為妙啊！

提問者B　好的，是這麼回事啊！

習近平守護靈　嗯。還有什麼其他問題？

提問者B　是的，謝謝。你剛才就正好回答了我想問的問題。現在日本國內也有傳出這樣的聲音，指假如現在歐美的各種疫苗都無效之後，中國的疫苗就要登場了，許多人對此感到害怕。

習近平守護靈　但中國可不是克服了疫情嗎？要說中國人為什麼不死？因為中國人有疫苗啊（笑）。新冠疫情流行的時候，中國就已經在製造新冠疫苗了。所以到最後，結果就是歐美的疫苗全部無效，就算接種了也基本沒用，或者只有一點效果。等到發生新的變種病毒感染，還得重新研發疫苗，所以最後大家都會想要中國的疫苗。

人們接種中國的疫苗，裡面加入了「讓人產生變異的東西」，然後你們就被我們統治了，這樣「中國人化」就能向前推進了。

現在可是已經進化到這種程度了，和你們已經大不一樣了（指著自己的頭），這裡不一樣。

對了，東京大學已經無法贏過清華大學了。關於這一點，讓你們知道一下比較好。

提問者B 也就是說，某種具有洗腦效果或者類似的東西，加入到了疫苗裡面。我明白了。

習近平守護靈　什麼美國疫苗、英國疫苗，你們就使勁去接種吧！不管用的。最後還是得依靠中國疫苗。印度的疫苗就算是免費也根本都不管用，終究大家只能指望中國的疫苗。

如此一來，不知不覺中，大家就都變成中國人了。

提問者B　謝謝你。正好，可以寫進下一期的「新冠疫苗不管用」專題報導裡面（笑）。

10 習近平守護靈以「清洗地球」為目標是何意

綁架美國人進行人體改造？

提問者B　還有一個，與剛才的話題相關連的問題，你說中國已將手伸向了美國的製藥公司和醫療系統？

習近平守護靈　對。

提問者B　似乎可以看到很多如此狀況存在的證據。我們現在也得知了「有外星人進駐於中國的樞要之處」（參照《瑣羅亞斯德與宇宙的暗黑之神如何對戰》、《R・A・高爾開拓地球未來的話語》），有些時候，比方說，你不只收買了美國的高層，甚至是還給予了某種靈性的影響吧？

習近平守護靈　這個嘛，我不想讓你們知道這方面的資訊。有許多種形式，不是只有一種，也存在其他的一些形式。從加拿大、阿拉斯加一帶，已展開侵入。並不只針對美國本土，對其美國周邊國家，已相當深入。在美國，主要是透過綁架來進行「人體改造」。

美國人比較頑固，所以難以支配。綁架之後再進行改造，這只有一點進展。方法就像是監測迴游的鮭魚一樣，把追蹤標記放在對綁架而來的人身上，然後再放回去。

在美國被綁架過的人，已經超過一千萬了。他們是我們的……，總而言之，他們認為自己的行動是自己進行判斷後的行動，但其實是接受我們發出的訊號在行動，以為按照自己判斷在行動的人有一千萬。透過這樣方式的人數，還會再繼續慢慢增加。

提問者B　而且似乎還出現了不少「植入了某種晶片」的報告。

習近平守護靈 對，那是在美國。

加拿大和阿拉斯加那邊，則是用另一種比較不同的「侵略計畫」。

提問者B 所謂的「不同」，是指同樣在進行某種改造嗎……？

習近平守護靈 住在那邊的人們比較弱一些。

美國本土那邊，比較難洗腦，他們被馴化的太嚴重了。在加拿大和阿拉斯加那邊就好辦很多，透過進駐到人體當中，即可以加以改造。

提問者B　啊，原來如此，也就是說可以進駐人體是吧？

習近平守護靈　可以進駐，嗯。

提問者B　我明白了。

習近平守護靈　我也想拿下澳洲呢。澳洲也是⋯，嗯。

提問者B　澳洲首相十分努力地抵抗中國勢力。

習近平守護靈　那也許是感覺到了什麼吧！

提問者B 他很明確地察覺到了中國的威脅。

習近平守護靈 他的確有所警戒。

提問者B 就好像他掌握到了什麼情報一樣，關於那方面的情報。

習近平守護靈 嗯，就是這樣啊！有很多地下情報。

只是，過去我們在地球就曾經握有好幾次主導權，這一次我也打算那麼做。

預測拜登總統如何處理幽浮資訊

提問者A　美國將公開幽浮的情報……。

習近平守護靈　幾乎是不會公開的，如果是拜登的話。

提問者A　有沒有任何你認為「若曝光就糟糕了」的情報？

習近平守護靈　嗯。關於已曝光的東西，已到了民間可以使用的程度。

提問者A　在科技方面，有哪些是「一被公開就糟糕」的呢……？好比能源、動力方面……？

習近平守護靈　不，所謂的「公開」，就是意味著其他國家也可將其使用於軍事上。所以彼此之間都會把那些當作是最高機密。

從中國看來，完全不清楚美國的軍方、產業、軍事產業，究竟從外星人那裡獲得了何種程度的技術。

和美國有關的外星人，與中國是不一樣的，所以我不清楚中國獲得了何種程度的技術。

我認為拜登或許不會公開關鍵之處，而是會將其作為情報賣給中國。

提問者A　賣？

習近平守護靈　我是打算讓他這麼做。

提問者B　了解了。

「現在，正打算在月球背面建造中國基地」

提問者B　剛才，你使用了「彼此之間」的說法……。

習近平守護靈　嗯、嗯。

提問者B　根據剛才你所說，似乎「美國是、中國也是，彼此之間，存在某種隱祕的，也就是互相算計的部分」……。

習近平守護靈　嗯、嗯、嗯。

提問者B　一開始的時候，你說「中國接受了各種的技術供給」，而過去大川隆法總裁曾對美國五十一區做過遠距透視，發現到所看到的技術，中國也接受了一樣的技術……。

習近平守護靈　嗯。

提問者B

在過去的靈性解讀當中得知，美國五十一區似乎接受了能將時間前後移動的技術，那麼中國方面，除了細菌戰以外，還秘密地接受了哪些技術轉移嗎？

習近平守護靈

現在中國正打算在月球的背面，建造中國的基地。月亮背面已經存在外星人基地，這件事美國早已知道了，但很害怕所以沒敢過去。在那個阿波羅計畫之後，美國就害怕到不去月球了。中國現在與對方締結了密約，正打算在月亮的背面建造基地，以進一步加深與外星人的交流。在宇宙的議題上，現在正是中國和美國爭勝負的時刻。

提問者B　那麼，在月亮的背面，那些外星人像保鏢一樣，保護著中國送去的探測衛星嗎？而美國則是被外星人攻擊破壞了探測衛星。中國在前往月球的時候……。

習近平守護靈　把月亮作為基地，在宇宙當中，我打算採取「合縱連橫」的戰略。現在美國正考慮「在火星建立殖民城市」，而我現在考慮的，則是「要先控制住月亮背面」。

習近平守護靈考慮的是「支配蘊藏礦物資源的海底」

提問者A　習近平國家主席在年初的新年致辭中說到，中國在月球探勘、火星探勘，以及潛水艇探勘，在這三個方面都有了重大進展。但其實，除了在月球以外，中國在火星、海底，還開展其他什麼樣的計畫吧？

習近平守護靈　嗯。海底那裡還沉睡著地球無限的未來。現在中國打算支配海底，我正在思考「支配海底」這件事。在海面上有各種劃分，大家都守護著自己的領海，但是並未貫徹至海底，正由於海底沒人守護，所以我有一個「支配海底的計畫」。

控制了海底，就能從海底獲得石油，還有作為工業資源的礦物，我知道「海底似乎蘊藏著很多宇宙航行所需的礦物資源」。

提問者B 是這樣啊？

習近平守護靈 嗯。

提問者A 火星已經先被美國……。

習近平守護靈 為了防止火星被美國獨占，現在我們正予以牽制，即便現在的火星看起來沒有那麼多資源。不過，有著一個「火星的『地下居民』要如何處置」的問題（注：在過去的靈性解讀中，得知火星存在著地下城市。參照二〇二一年二月十七日收錄《〈火星〉夢境解讀—R．A．高爾的靈言—》、《幽浮解讀II》等）。

「無法襲擊幸福科學的理由」為何？

提問者B　我還有一個問題想請教，在齊塔星時代裡雅伊多隆……。

習近平守護靈　嗯。

提問者B 你被雅伊多隆……。

習近平守護靈 那個「囉嗦的傢伙」。那個傢伙真是非常囉嗦。

提問者B 這次在地球上，包含雅伊多隆在內，已經建構出聯軍體制的備戰態勢。

習近平守護靈 就是說啊！

提問者B 關於這一點……。

習近平守護靈　幸福科學這點組織，雖然我也想過一口氣地加以襲擊。想對幸福科學做些什麼，那是很簡單的，但雅伊多隆說著「到時候也會瞄準中國大使館」。

提問者B　是。

習近平守護靈　所以說啊，被襲擊就麻煩了，我不能出手啊！

提問者B　會造成彼此的傷害是吧！

習近平守護靈　嗯，雅伊多隆說著「若是敢打過來，那就一定回擊」。他說

「會把中國人的據點都摧毀」。

提問者B 是。

想用「中國是世界最強最好」的價值觀洗腦地球人

提問者B 大約一年前，宇宙存在R・A・高爾也清楚地說過，如果中國對台灣出手，他就會從宇宙發起示威運動。

習近平守護靈 「到底誰比較強」，不交手是不知道的。他們（R・A・高爾、雅伊多隆）稍微強一點，就現在的情況，也許他們佔優勢。

所以說啊！得在地球上進行「洗腦大戰」，「中國的援軍」首先要把能佔領的地方都佔領下來，不達到一半以上的話是不行的。

如果地球人的價值觀都變成「中國才是世界最強、最好，應該追隨中國才對」的話，那麼很遺憾的，R・A・高爾、雅伊多隆就會被驅逐出去了。這個戰鬥現在正在進行中，在我這一代就可以完成。

提問者B　你說在你自己這一代就可以完成？

習近平守護靈　雖然他們是我們的敵對者，但如果地球人不支持他們的話，他們就無法掌控地球了。

把R．A．高爾和雅伊多隆逐出地球，這就是我的目的。只要用科學實用主義、唯物論、無神論國家填滿這個世界的話，他們就沒有施力點了。

提問者C　這麼說來，不只是要在「科技次元」進行較量，還要在「思想次元」也進行較量嗎？

習近平守護靈　嗯，思想方面也要。因為終究人的思想會留下來。還有，我也在考慮「要清洗地球的靈界」。要把地球靈界大清洗一番，那些惱人的事實在是太多了，把他們都吹翻就好了。想如何把他們都吹翻呢？只要用隕石什麼的撞一下就好了。隕石撞上地球的話，破壞力是非常巨大的，如此一來，就可以把地球的靈界給「吹翻」了。

提問者B　要吹翻「三次元」和吹翻「四次元以上的靈界」，是兩個完全不同的概念。

習近平守護靈　可以吹翻啊！我可是認識很多「奇怪的傢伙」。這可是一場「侵略戰爭」啊！「宇宙侵略戰爭」已經開始了，你們都還沒意識到吧！反正我是知道的。

繼搞垮川普之後，就是要搞垮聲稱「要保護香港、台灣」的幸福科學

提問者A　時間差不多了。

習近平守護靈　啊，是嗎？那你們對於「現今習近平的所思所想」都心神領會了嗎？

提問者A　是的。最後，你是否還有什麼要說的？好比對於今後的藍圖，或是有什麼想傳達給全人類的訊息，又或者「你們這些礙事的傢伙我打算這樣踢走」之類的。

習近平守護靈　這個嘛，我想幹的事，都與你們的神所說的相反，在川普的這件事上，我已勝出一局。

接下來，就要搞垮敢聲稱「保護香港、台灣」的傢伙，讓你們失去信用，我已經對幸福科學做了「邪教認定」，你們想要在日本生存下去會變得越來越難，再過幾年，你們就會被驅逐。

提問者A　嗯？這麼說來，你的意思是幸福科學成了「最大的障礙」嗎？就思想上而言。

習近平守護靈　嗯……。反正在你們國內，會因為遭到嫉妒而垮掉吧！這股嫉妒的勢力，尾巴可是握在我手裡呢！

提問者A 如果你有什麼想提醒我們的？好比說「哪裡需要注意」什麼的。

習近平守護靈 嗯。

提問者A 與其說對「我們」提醒，不如說對「全人類」提醒，還要來的更確切。

習近平守護靈 （大約沉默五秒鐘）。中國可是「我們的」啊！別以為靠洪水啊或是蝗蟲之類的，就可以讓中國垮台。人口嘛，要多少都可以製造出來啊！現在我正考慮增加人口。

那些增加的人口，其實加入了外星人的遺傳基因，是一種更高段位的強大人類。我會把這樣的人造出來，然後上演「清洗地球」的好戲。

對我們來說，漸漸地病毒就沒有效果了。但其他國家還是會不時爆發病毒疫情，死一些人。要問有沒有什麼辦法沒有，有啊，有一個辦法，就是向中國求助啊！「變成中國人的話就救你」。哈哈哈哈（笑）。就是這樣囉！

提問者A　我明白了。

今天，感謝你表達了許多貴重的意見。

習近平守護靈 嗯，你們提問的時候很有禮貌。難得你們這麼有禮貌，這部分還是值得嘉獎的。

提問者A 謝謝。

習近平守護靈 那麼再見吧！

11　收錄「習近平的所思所想」之後的結語

與習近平守護靈合體，能夠對其表面意識施加影響

大川隆法　（拍手三次）這次出現了以往習近平守護靈沒有出現過的部分，所以或許他真的被「被外星人進駐了」。

我認為他們混合在一起了。「進駐」是以怎樣的形式發生的，我並不是十分清楚，但這次他給我的感覺，是「守護靈層面已經開始合體，並且對習近平的表面意識產生影響」。我是這樣的感覺。至今習近平的守護靈不會表達到如

此清楚的程度。

川普的落選是一件「大事」。我認為中國真的只怕川普啊！但實在是沒辦法，選舉結果畢竟也是地上人們的選擇。

或許去年日本的出口貿易額第一名是中國吧！超越了美國，中國又成為了第一，以前一直是美國與中國交替第一的狀態，美國對中國的出口貿易量，今後也還會變大吧！

明明想要復興日本經濟，但若是我們說著要「與中國敵對」的話，就又會被忽視，並歸類為少數派的意見。

唉，總之，雜誌《真自由》得要更加努力啊！儘管力量微薄，但唯有努力發聲才行。

（對提問者B說）你呀，可不要夜裡去銀座，會被革職喔！媒體可是會蹲點盯著呢！

提問者B　（笑）這一點沒問題。

大川隆法　真的要多加小心才行。

不過，那些狗仔也是在晚上十點之後活動於街頭，若是他們的面貌被拍下來，進而得知是誰的話，他們就會被炒魷魚。但他們就像忍者一樣身分難辨，讓人不知道究竟是被誰偷拍。

我覺得，這些傢伙才最應該被抓起來。緊急事態宣言期間，他們一定會裝扮成流連於銀座店裡的客人，我覺得這些人才應該被揪出來。

（對提問者們說）你們也要當心。在你們不知道的地方，都有眼睛在盯著你們，努力尋找你們的破綻。任何「小破綻」都會成為他人的可乘之機，一定要多加小心。

首先必須要打思想戰

大川隆法　看來中國變得更強硬一些，你們沒問題嗎？繼續努力吧！

（對著會場問）有其他問題嗎？ＯＫ嗎？

這只是單純地將我們採訪所聽到的內容如實記錄下來，請各位自行判斷「讀到這些內容的人會有什麼感覺」。

我並沒有把某些特別的想法強加於人的意思。如果你認為「這種事肯定不可能」，那也沒關係，如果你認為「有可能」，那麼究竟會有多恐怖呢？那程度恐怕「連自衛隊也沒想到」吧！

我認為，現在的政權也顧不上考慮這些。就像拜登的兒子那樣，菅首相的兒子（因為對總務省幹部的招待問題）好像也很危險，恐怕已經不能樂觀地想船到橋頭自然直了吧，這個國家還能維持下去嗎？

各位，注意腳下，千萬別跌倒了啊！

我想這個人（習近平）他會連任到他的壽命以內，或許他已經把後繼者消滅掉了。

嗯，這也是沒辦法的事。這是這個時代的戰鬥。首先必須要打「思想戰」，之後才是其他方面的戰鬥。

提問者A 感謝您。

後記

若是唯物論、無神論廣佈的話，惡魔的活動領域就會擴大。只是一味推進科學的思考，並不一定就是「善」。

每一個人不僅有「獲得幸福的權利」，還有「獲得幸福的義務」。

雖然黑暗確實正在擴張，但光明還在為了打破黑暗而努力著。

「人民的，依據人民，為了人民」的民主政治，對今天的中國十分必要。不僅是香港和台灣，在維吾爾、內蒙古、西藏等地區的人們，也同樣擁有追求自由、平等、幸福的權利。

近來緬甸也開始了以軍隊為中心的恐怖政治。絕對不可讓世界屈服於暴力，我希望讓地球充滿愛與自由和責任感。

二〇二一年　三月二日

幸福科學集團創立者兼總裁　大川隆法

HAPPY SCIENCE

幸福科學集團介紹

幸福科學透過宗教、教育、政治、出版等活動，以實現地球烏托邦為目標。

幸福科學

一九八六年立宗。信仰的對象為地球靈團至高神「愛爾康大靈」。幸福科學信徒廣布於全世界一百多個國家，為實現「拯救全人類」之尊貴使命，實踐著「愛」、「覺悟」、「建設烏托邦」之教義，奮力傳道。

愛

幸福科學所稱之「愛」是指「施愛」。這與佛教的慈悲、佈施的精神相同。信眾透過傳遞佛法真理，為了讓更多的人們能度過幸福人生，努力推動著各種傳道活動。

覺悟

所謂「覺悟」，即是知道自己是佛子。藉由學習佛法真理、精神統一、磨練己心，在獲得智慧解決煩惱的同時，以達到天使、菩薩的境界為目標，齊備能拯救更多人們的力量。

建設烏托邦

我們人類帶著於世間建設理想世界之尊貴使命，而轉生於世間。為了止惡揚善，信眾積極參與著各種弘法活動。

入會介紹

在幸福科學當中，以大川隆法總裁所述說之佛法真理為基礎，學習並實踐著「如何才能變得幸福、如何才能讓他人幸福」。

入會

想試著學習佛法真理的朋友

若是相信並想要學習大川隆法總裁的教義之人，皆可成為幸福科學的會員。入會者可領受《入會版「正心法語」》。

三皈依誓願

想要加深信仰的朋友

想要做為佛弟子加深信仰之人，可在幸福科學各地支部接受皈依佛、法、僧三寶之「三皈依誓願儀式」。三皈依誓願者可領受《佛說・正心法語》、《祈願文①》、《祈願文②》、《向愛爾康大靈的祈禱》。

幸福科學於各地支部、據點每週皆舉行各種法話學習會、佛法真理講座、經典讀書會等活動，歡迎各地朋友前來參加，亦歡迎前來心靈諮詢。

台北支部精舍
台北市松山區敦化北路 155 巷 89 號

幸福科學台灣代表處
台北市松山區敦化北路 155 巷 89 號
02-2719-9377
taiwan@happy-science.org
FB：幸福科學台灣

幸福科學馬來西亞代表處
No 22A, Block 2, Jalil Link Jalan Jalil Jaya 2,
Bukit Jalil 57000, Kuala Lumpur, Malaysia
+60-3-8998-7877
malaysia@happy-science.org
FB：Happy Science Malaysia

幸福科學新加坡代表處
477 Sims Avenue, #01-01, Singapore 387549
+65-6837-0777
singapore@happy-science.org
FB：Happy Science Singapore

國家圖書館出版品預行編目(CIP)資料

現今習近平的所思所想／大川隆法作；幸福科學經典翻譯小組翻譯. -- 初版. -- 臺北市：台灣幸福科學出版，2021.09
240 面；14.8×21公分
譯自：習近平思考の今
ISBN 978-986-06528-7-1(平裝)

1. 新興宗教　2. 靈修

226.8　　110012700

現今習近平的所思所想

習近平思考の今

作　　者／大川隆法
翻　　譯／幸福科學經典翻譯小組
封面設計／Layla
內文設計／顏麟驊

出版發行／台灣幸福科學出版有限公司
104-029 台北市中山區中山北路三段 49 號 7 樓之 4
電話／ 02-2586-3390　傳真／ 02-2595-4250
信箱／ info@irhpress.tw
法律顧問／第一法律事務所　余淑杏律師

總 經 銷／旭昇圖書有限公司
235-026 新北市中和區中山路二段 352 號 2 樓
電話／ 02-2245-1480　傳真／ 02-2245-1479

幸福科學華語圈各國聯絡處／
台　　灣　taiwan@happy-science.org
地址：台北市松山區敦化北路 155 巷 89 號（台灣代表處）
電話：02-2719-9377
官網：http://www.happysciencetw.org/zh-han
香　　港　hongkong@happy-science.org
新 加 坡　singapore@happy-science.org
馬來西亞　malaysia@happy-science.org
泰　　國　bangkok@happy-science.org
澳大利亞　sydney@happy-science.org

書　　號／978-986-06528-7-1
初　　版／2021 年 9 月
定　　價／380 元

Originally published in Japan as
'*Xi Jinping Shikou no Ima*'
by IRH Press Co., Ltd. Tokyo Japan

Cover Image: Joao Virissimo/ shutterstock.com
Vchal/ shutterstock.com
Saicle/ shutterstock.com
AFP: JIJI

廣告回信
台北郵局登記證
台北廣字第5433號
平信

IRH Press Taiwan Co., Ltd.
台灣幸福科學出版有限公司

104-029 台北市中山區中山北路三段49號7樓之4
台灣幸福科學出版　編輯部　收

請沿此線撕下對折後寄回或傳真，謝謝您寶貴的意見！

現今習近平的所思所想

大川隆法
Ryuho Okawa

台灣幸福科學出版有限公司

現今習近平的所思所想
讀者專用回函

非常感謝您購買《現今習近平的所思所想》一書，
敬請回答下列問題，我們將不定期舉辦抽獎，
中獎者將致贈本公司出版的書籍刊物等禮物！

讀者個人資料　　**※本個資僅供公司內部讀者資料建檔使用，敬請放心。**

1. 姓名：　　　　　　　　性別：☐男　☐女
2. 出生年月日：西元　　　年　　　月　　　日
3. 聯絡電話：
4. 電子信箱：
5. 通訊地址：☐☐☐-☐☐
6. 學歷：☐國小 ☐國中 ☐高中／職 ☐五專 ☐二／四技 ☐大學 ☐研究所 ☐其他
7. 職業：☐學生 ☐軍 ☐公 ☐教 ☐工 ☐商 ☐自由業☐資訊 ☐服務 ☐傳播 ☐出版 ☐金融 ☐其他
8. 您所購書的地點及店名：
9. 是否願意收到新書資訊：☐願意　☐不願意

購書資訊：

1. 您從何處得知本書的訊息：（可複選）☐網路書店　☐逛書局時看到新書　☐雜誌介紹
   ☐廣告宣傳　☐親友推薦　☐幸福科學的其他出版品　☐其他
2. 購買本書的原因：（可複選）☐喜歡本書的主題　☐喜歡封面及簡介　☐廣告宣傳
   ☐親友推薦　☐是作者的忠實讀者　☐其他
3. 本書售價：☐很貴　☐合理　☐便宜　☐其他
4. 本書內容：☐豐富　☐普通　☐還需加強　☐其他
5. 對本書的建議及觀後感
6. 您對本公司的期望、建議…等等，都請寫下來。

IRH Press Taiwan Co., Ltd.
台灣幸福科學出版有限公司